Uwe Klein

„Das haben wir schon immer so gemacht …"

Uwe Klein

„Das haben wir schon immer so gemacht ..."

Wie Sie hartnäckig Veränderungen verhindern,
neue Projekte auf Eis legen und
stur alles so weitermachen wie bisher

REDLINE WIRTSCHAFT
bei verlag moderne industrie

Die Deutsche Bibliothek – CIP-Einheitsaufnahme

Klein, Uwe:
„Das haben wir schon immer so gemacht ..." : wie Sie hartnäckig Veränderungen verhindern, neue Projekte auf Eis legen und stur alles so weitermachen wie bisher / Uwe Klein. – 3. Aufl. – München : Redline Wirtschaft bei Verl. Moderne Industrie, 2002
ISBN 3-478-81270-4

3. Auflage 2002
2. Auflage 1998
1. Auflage 1997

© 2002 verlag moderne industrie, 80992 München
www.redline-wirtschaft.de

© 1997 mvg-Verlag im verlag moderne industrie, Landsberg am Lech

Alle Rechte, insbesondere das Recht der Vervielfältigung und Verbreitung sowie der Übersetzung, vorbehalten. Kein Teil des Werkes darf in irgendeiner Form (durch Fotokopie, Mikrofilm oder ein anderes Verfahren) ohne schriftliche Genehmigung des Verlages reproduziert oder unter Verwendung elektronischer Systeme gespeichert, verarbeitet, vervielfältigt oder verbreitet werden.

Umschlaggestaltung: Felix Weinold, Schwabmünchen
Satz: Wolfgang Appun, München
Druck- und Bindearbeiten: Ebner, Ulm
Printed in Germany 81270/010201
ISBN 3-478-81270-4

Inhalt

Vorwort 9
Einleitung 11
1. Lächeln Sie über die These: „Veränderung ist möglich!" 14
2: Geben Sie Veränderungen ausreichend Zeit 17
3: Regen Sie sich über Details auf 20
4: Sagen Sie immer, dass Sie offen sind 23
5: Stellen Sie das heraus, was sich bewährt hat 26
6: Betonen Sie Ihren Kooperationswillen 29
7: Fragen Sie nie „Wozu?", sondern immer „Warum?" 32
8: Verweisen Sie sofort auf die Kosten 35
9: Halten Sie den Aspekt vernünftiger Planung hoch 38
10: Verdeutlichen Sie Ihre eigenen unermüdlichen Veränderungsversuche 41
11: Greifen Sie neue Ideen sofort auf 44
12: Schreiben Sie Memos 48
13: Verweisen Sie darauf, dass „wir uns" verändern müssen 51
14: Stehen Sie mit möglichst allen in Beziehung 54
15: Fordern Sie Aktionen 57
16: Umgeben Sie sich mit modernen Kommunikationsmitteln 60
17: Betonen Sie die Notwendigkeit umfassender Trainings 63
18: Bieten Sie immer Ihre Hilfe an 66
19: Verweisen Sie auf Spezialisten 69
20: Diskutieren Sie frühzeitig und kontinuierlich die Zuständigkeiten 72
21: Verhindern Sie das Chaos 74
22: Beklagen Sie die interne Politik, ... und betreiben Sie sie 78
23: Weihen Sie nur die „Richtigen" ein 82

24:	Setzen Sie sich an die Spitze der Veränderungsbewegung	85
25:	Stellen Sie alles in einen großen historischen Rahmen	88
26:	Bremsen Sie schädlichen Übereifer	91
27:	Machen Sie ruhig mal einen Spaß	94
28:	Entscheiden Sie nur nach reiflicher Überlegung	96
29:	Binden Sie alle ein	99
30:	Rechnen Sie mit dem Schlimmsten	101
31:	Handeln Sie nur im rechten Glauben	104
32:	Hören Sie auf Ihre innere Stimme	108
33:	Schlichten Sie	111
34:	Entschuldigen Sie sich ruhig mal	113
35:	Achten Sie auf Begreifbarkeit	115
36:	Achten Sie auf Verständlichkeit	118
37:	Betrachten Sie das Neue als Chance für gute Traditionen	120
38:	Üben Sie nonverbale Botschaften	123
39:	Versuchen Sie, nicht alles zu beurteilen	127
40:	Führen Sie konsequent	130
41:	Arbeiten Sie an Ihrer persönlichen Vision	133
42:	Scheuen Sie keine noch so drastischen Vergleiche	136
43:	Reden Sie nicht immer von sich	138
44:	Bringen sie die Dinge auf den Punkt	141
45:	Holen Sie die Meinung Ihres Vorgesetzten ein	144
46:	Geben Sie die Meinung Ihres Vorgesetzten weiter	147
47:	Beherzigen Sie klassische Tugenden	149
48:	Feiern Sie gemeinsam	151
49:	Verhindern Sie gegenseitige Schuldzuweisungen	153
50:	Pflegen Sie ein geordnetes Lehrer-Schüler-Verhältnis	157
51:	Bieten Sie Lernhilfen an	160
52:	Schätzen Sie Menschen richtig ein	163
53:	Bauen Sie auf die richtigen Systeme	166
54:	Nutzen Sie die Kompetenz klassischer Berater	170
55:	Trennen Sie Themen konsequent	173

56: Beruhigen Sie Ihre Umgebung 177
57: Beschützen Sie andere vor übertriebenem
    Idealismus 180
58: Vermeiden Sie die Globalisierungsfalle 183
59: Widersprechen Sie auch mal 186
60: Begeisterung ist alles 189
61: Preisen Sie das Internet 192
62: Führen Sie den Begriff „Teamfähigkeit" ein 195
63: Definieren Sie sauber 199
64: Coachen Sie 201
65: Wandel ist die Konstante der Zukunft 204

Vorwort

Vorbei sind die Zeiten, in denen man Veränderungsprozesse der Unternehmenskultur mit solch einfachen Killerphrasen wie „Samstag und Sonntag machen wir Kultur und Montag bis Freitag kümmern wir uns ums Geschäft" niedermachen konnte. Längst hat auch der eifrigste Verfechter alter Paradigmen begriffen, dass die Kultur eines Unternehmens untrennbar mit dem Geschäftsergebnis verbunden ist. Die Herausforderung für wahre Bremser von Veränderungsprozessen wird damit ungleich schwieriger. Gerade recht kommt daher diese kleine Fibel für Anti-Change-Agents. Unter Berücksichtigung moderner Trends wie des Zeitmanagements verzichtet der Autor hierbei auf allzu tiefgründige Analysen, die in der praktischen Umsetzung nur zu langwierigen Diskussionen oder gar zu einem konstruktiven Dialog führen würden.

Statt dessen gibt er eine Anleitung zur perfekten Gratwanderung zwischen offensichtlicher Polemik und oberflächlicher Argumentation, wie sie sich im betrieblichen Alltag seit Jahrzehnten zum Abschmettern neuer Dinge bewährt hat. Mithin baut Uwe Klein auf der entscheidenden rhetorischen Kernkompetenz von Veränderungsgegnern auf, was die Anwendung der in diesem Buch beschriebenen Taktiken erheblich erleichtern dürfte. Abschließend noch drei Anmerkungen:

1. Die subtilste und zugleich effektivste Art von Veränderungswiderstand ist die Erzeugung immer währender Euphorie, die sich im operativen Geschäft in einer Art von „rasendem Stillstand" äußert.
2. Sollten in Ihrem Umfeld Veränderungsprozesse trotz der hier vorgestellten, erprobten Gegenmittel erfolgreich

sein, so lade ich Sie ein, uns dies unverzüglich mitzuteilen, damit der Autor nachfolgende Generationen von Anti-Change-Agents rhetorisch aufrüsten kann.
3. Allen Lesern, die dennoch an der Zukunft ihres Unternehmens und an seiner Entwicklung interessiert sind, empfehle ich, diese Fibel zweimal zu lesen, frei nach dem Motto: „Minus mal minus ergibt plus".

Mit augenzwinkerndem Gruß an alle übrigen pragmatischen Idealisten.

Dr. Christian Kurtzke
Leiter Projekt Culture Change,
Siemens AG, Bereich Öffentliche Kommunikationsnetze

Einleitung

Wandel ist die Konstante der Zukunft. Wer behauptet, dass diese Erkenntnis neu sei, macht sich lächerlich. Neu ist nur, dass immer intensiver und schneller und dass überhaupt nach Wegen gesucht wird, diese Erkenntnis in einen wirtschaftlichen Erfolg umzusetzen.

Die Globalisierung der Märkte, der verschärfte Wettbewerb sowie neue Spielregeln des Lernens und der Informationstechnik zwingen uns, unsere Paradigmen, unsere wirtschaftlichen Erfolgsrezepte zu ändern – und zwar laufend. Hierbei geht es nicht nur darum, sie anzupassen, um mithalten zu können. Es geht darum, sie proaktiv und antizipativ auf die Umstände hin neu zu entwickeln, die uns in Zukunft ernähren sollen. Denn wer nur sein Verhalten anpasst, läuft der Zukunft hinterher und kommt stets zu spät.

Jede Art von Wandel hat ihren Ursprung in unserer Vorstellungskraft. Damit ist aber noch nicht zwingend bereits etwas Neues umgesetzt. Erfahrungen, Blockaden und innere Schutzsysteme lassen Veränderungsimpulse, neue Ideen und Initiativen des Individuums oft verpuffen. Erst wenn mindestens ein Zweiter mit uns das Gleiche denkt, entwickeln wir den Mut zu handeln. Wir sind auf Kommunikation angewiesen, um unsere Existenz erfolgreich zu gestalten, und pflegen dabei subjektiv die Ansicht, dass die Art, wie die Natur uns mit Kommunikationsfähigkeiten ausgestattet hat, der „letzte Schrei" der Evolution ist. Mängel werden uns oft erst über ausbleibende Erfolge bewusst.

Die zoologische Klassifizierung bezeichnet uns als „Homo sapiens sapiens". Aus welchem Grund das „sapiens" gleich zweimal auftaucht, mag man/frau sich fragen. Stellen Sie sich doch einmal vor, künftige Archäologen fänden in 5 000 Jahren Überreste einer Kultur unserer Zeit. Es würden Bildschirme, PC's, Drucker, Telefone, Radios, Fernseher und Unmengen Kabel in der Erde gefunden. Wissenschaftler kämen wohl zu dem Schluss, dass dieser Werkzeuggebrauch der Kommunikation diente und diese Kultur damit ihre Existenz sicherte. Die korrekte Bezeichnung für sie würde dann: „Homo sapiens communicans" lauten. Vielleicht aber auch „Homo sapiens communicans communicans" – wer weiß! Über die Qualität der gelebten Kommunikation zwischen diesen Menschen gäbe es in 5 000 Jahren allerdings nur Spekulation. Möglicherweise kämen die Archäologen auch zu dem Schluss, dass Lautsprecher nur digitale Töne oder Buchstaben von sich gegeben hätten und eine Tastatur die wichtigste Schnittstelle zwischen zwei Individuen der gleichen Art gewesen wäre. Dieses Buch hat sich vorgenommen festzuhalten, dass das Leben seinerzeit anders war …

Ironie ist mitunter eine sanfte Kunst der Bewusstmachung, wenn Gewohnheiten starr geworden sind, wenn Routine sich als Nonplusultra der Intelligenz ausgibt und wenn Strukturen den Hautgout der Selbstgefälligkeit angenommen haben. Was uns aber wirklich vorantreibt, sind Lerneffekte und Aha-Erlebnisse – die Spannungsfelder zwischen einer vormals bequemen Position und einer plötzlich auftauchenden Herausforderung. Da helfen manchmal nur Ironie und ein konsequenter Perspektivenwechsel, sonst sehen wir den um uns selbst gesponnenen, lähmenden Filz nicht, der unsere Beweglichkeit behindert. Die Fähigkeit zum Perspektivenwechsel ist eine Beraterkompetenz, die es unternehmensintern aufzubauen gilt, wenn man etwas verändern will.

Angeregt durch Bernhard Ludwigs „Anleitung zum Herzinfarkt" habe ich dieses Buch deshalb in der Form von Anti-Paradigmen geschrieben. Sie sollen durch ihren ironisch vordergründigen Zweck, Veränderungen möglichst effizient zu blockieren, bewusster machen, worauf es in der Kommunikation von Veränderungen ankommt. Außerdem bieten sie die Möglichkeit, sich selbst, die „lieben Kollegen" und Vorgesetzten aus einer ironischen Distanz heraus zu betrachten und die Verhaltensweisen zu sehen, die jegliche Veränderung bereits im Keim ersticken. Nach der Lektüre dieses Buches werden Sie in der Lage sein, sich selbst und andere zu erkennen und darüber nachzudenken, welche Ziele Sie wirklich verfolgen (wollen).

Sprechen wir von einem Kulturwandel, so meinen wir einen Paradigmenwechsel. Die vorliegende Sammlung von Paradigmen der Veränderungsresistenz dürfte in ihrer Art einmalig sein. Sie eröffnet andererseits die Chance, genauer die Bilder zu zeichnen, die wir brauchen, und die Barrieren zu identifizieren, die uns behindern – meist von innen. Manche Passagen sind ganz bewusst überspitzt ausgefallen, was Sie als Leser nicht davon abhalten sollte, die positive Botschaft dahinter zu entdecken.

Veränderungs*kompetenz* ist eine hervorstechende Eigenschaft unserer Spezies. Sie hat uns weit gebracht und wird uns auch noch weiter bringen. Veränderungs*angst* ist die Begleitmusik, die manchmal schrille Töne produziert. Ich setze darauf, dass Sie als Leser es nach der Lektüre dieses Buches besser verstehen, die Gewinn bringenden und für Sie richtigen Töne zu finden. Insbesondere soll auch deutlich werden, wie viele Disziplinen die Praxis der Lernenden Organisation beherrschen muss, um auf die Beine zu kommen – und das sind sicher mehr als fünf Disziplinen.

An dieser Stelle möchte ich ganz besonders meiner Frau Monika Strobl danken, die es verstanden hat, mich beim Schreiben dieses Buches mit Rat und Tat zu unterstützen. Sie hat mich insbesondere ermutigt, eine klare Sprache zu sprechen und deutlich herauszuarbeiten, was des Pudels Kern eigentlich ist, frei nach dem Motto: „Da, wo Du gehst, wirbele nicht nur Staub auf, sondern hinterlass auch Spuren!"

Dank gilt auch dem Verfasser des Vorworts, Herrn Dr. Christian Kurtzke, der in seiner Position als Teamleiter in Deutschlands größtem Kulturwandelprojekt (Siemens, Bereich Öffentliche Kommunikationsnetze) für jeden Mitgestalter auf dem Weg zum Lernenden Unternehmen dankbar ist.

Dr. Uwe Klein

1.

Lächeln Sie über die These: „Veränderung ist möglich!"

Lächeln war schon immer ein Ausdruck geistiger Überlegenheit. Es zeigt dem Betrachter, dass Sie die Dinge von einer höheren Warte sehen und hierfür viel Lebensweisheit gesammelt haben müssen. Dies allein qualifiziert Sie zum Mentor und zum Paten von Veränderungsprozessen. Ihren vertrauensvoll regelnden Händen wird man die Verantwortung für anspruchsvolle Kulturwandelprojekte übergeben können, auch wenn Sie, was so schnell keiner erkennen kann, nicht die geringste Lust haben, den Veränderungsprozess voranzutreiben, sondern schon längst beschlossen haben, ihn zu verhindern.

Lächeln bedeutet Nirwana und ewige Wiederkehr der Dinge. Schon Buddha hatte dies raus. Die Folgen dieser spirituellen Überlegenheit erkennt man heute noch in Indien: Hohes Abstraktionsniveau mit ausgesprochen beachtenswerten analytischen und mathematischen Fähigkeiten bei gleichzeitig niedrigem Umsetzungsgrad der einfachsten täglichen Bedürfnisse in der Wirklichkeit.

Durch Lächeln setzen Sie sich ab. Es spielt natürlich eine wichtige Rolle, *wann* Sie lächeln. Sie können es nicht immer tun, sonst würde Ihre Umgebung dies als Methode natürlich leicht durchschauen und Sie womöglich nicht mehr ernst nehmen. Nein, Sie tun es in den entscheidenden Momenten: dann wenn z.B. die ersten *konkreten* Vorschläge für weiterführende Maßnahmen genannt werden, wenn über *konkrete* Programme berichtet wird, wenn Sie um Ihre Meinung gefragt werden, wie Sie die Chance einer Verwirklichung sehen: *Jetzt* lächeln Sie.

Ihr Lächeln sollte aber auch gezielt ein Lächeln ohne Worte bleiben, denn durch weitere Erklärungen würden Sie die hohe Wirksamkeit dieser nonverbalen Botschaft nur entkräften. Vermeiden Sie es, Ihr Lächeln in ein Lachen oder gar in ein Auslachen einer Person oder einer Idee übergehen zu lassen. Dies würde von Ihrer Umgebung möglicherweise als negativ empfunden. Außerdem haben Ihre Kollegen schon längst einen psychologischen Workshop besucht und dabei erfahren, dass das Auslachen als nonverbaler Ideenkiller und somit als unschicklich einzustufen ist. Hierüber werden Sie allzu leicht als Veränderungsgegner identifizierbar. Vermeiden Sie Diskussionen und beschränken Sie sich auf das stille, fast buddhistische Lächeln. Es stärkt Ihr Selbstbewusstsein und wahrt dabei Ihre Autorität und Camouflage, die ein Anti-Change-Agent dringend braucht.

Wenn Sie zu den ausgesprochenen Machtmenschen gehören, die auch sonst ein schizoides Grundmuster pflegen, um ihre Machtpostition zu erhalten, dann passen Sie auf, dass Ihr Lächeln nicht in eine Art schizophrenes Gekicher entgleist. Es erfüllt im Wesentlichen auch seinen Zweck, erweckt auf Dauer und bei Wiederholung jedoch den Eindruck von Hilflosigkeit oder Konzeptlosigkeit. Sie erobern sich dadurch zwar eine feste Position als zuständige Person für Heiterkeit im Unternehmen und man wird Sie bei Entscheidungen immer berücksichtigen – den Einfluss auf Planungskonzepte verlieren Sie jedoch, weil jeder überzeugt ist, dass Sie keine haben. Wenn Sie hingegen lächeln anstatt zu kichern, wird jeder einen profunden Schatz von Weisheit und menschlicher Reife in Ihnen vermuten, auch wenn die Tiefe nur eine tiefe Leere ist.

Ein Sprichwort sagt: „Nur wer schreibt, der bleibt." Diese Mühe können Sie sich jetzt sparen. Bücher liest ohnehin sowieso keiner mehr. Glauben Sie einfach fest daran: „Nur wer lächelt, der bleibt!" So bleiben Sie letztlich Ihrer eigenen Strategie treu: Ihr Erfolgskriterium ist nicht das rasche Umsetzen eines kurzfristigen Veränderungsprojekts. Die Tatsache, dass Sie allen Veränderungswellen zum Trotz bis zur Frühpensionierungsreife Ihre Position halten konnten, ist der wahre Gradmesser Ihres Erfolges. Erreichen Sie dieses Lebensziel mit minimalen Anpassungen! Ihr Grundsatz war schon immer: Nur konsequente Bewahrer schaffen in dieser chaotischen, von Veränderungen geprägten Welt einen substantiellen Mehrwert.

Lächeln geht auch mit Worten: Wir sprechen dann von Freundlichkeit und Offenheit. Diese Eigenschaften erschließen so viele Potentiale, so viele Quellen von Kreativität und Leistungswillen, dass jeder andere systemische und organisatorische Ansatz, etwa die Mitarbeiterleistung zu fördern, entweder hilflos oder aber intrigant wirkt.

Hinweis für angehende Change-Agents

Offenheit wirklich zu leben ist eine Kunst, in der wir uns häufiger üben sollten. Wir bewegen uns in Zeiten, in denen das Lernende Unternehmen Konjunktur hat. Lernen hängt von der Verfügbarkeit von Information ab. Genau darüber wird wahre Offenheit in der innerbetrieblichen, zwischenmenschlichen Kommunikation ein Wettbewerbsvorteil nach außen im Markt.

Geben Sie Veränderungen ausreichend Zeit

Oder: Wie sitzt man richtig aus? Aussitzen ist nicht gleichzusetzen mit Abwarten, das könnte jeder, das wäre zu einfach. Aussitzen ist eine Strategie, die das Momentum mit berücksichtigt. Das so genannte *Momentum* bezeichnet den Zeitraum, in dem ein Mensch oder eine Gruppe von Menschen bereit ist, einer Idee volle Aufmerksamkeit zu ihrer Verwirklichung zu schenken. Hier wird eine beträchtliche Menge Energie investiert. Bei diesen Ideen handelt es sich um Vorstöße zur Veränderung von bestimmten Gegebenheiten.

Menschen handeln in solchen Fällen zwangsläufig nach dem inneren Momentum, ihrem Verwirklichungszeitplan, der meist sechs bis zwölf Wochen umfasst. Sehen Sie, so einfach ist das! Damit haben Sie ungefähr den Zeitraum erfahren, den Sie aushalten müssen, um eine Sache erfolgreich auszusitzen.

Wie gehen Sie nun strategisch vor? Am elegantesten wirken Sie, wenn Sie in der Anfangsphase den Prozess durch eigenes Zutun beschleunigen. Ihre persönlich eingebrachte Begeisterung wird das Momentum der anderen noch weiter entfachen. Die Momentumenergie verlagert sich dadurch in die Anfangsphase des Umsetzungsprozesses und kann gegen Ende nicht mehr für die Ziele der Veränderer Gewinn bringend eingetzt werden. An dieser Stelle bricht der Prozess leicht ab – und Sie haben gewonnen – ein erneutes Aufraffen findet nicht statt.

Nun sind ja in der Zwischenzeit die Veränderer auch klüger geworden, wissen dies und tendieren neuerdings dazu, die Feedback-Phasen von Veränderungsprozessen in die zweite Hälfte des Momentums zu verlagern. In diesen Feedback-Phasen kommt es dann zu komplizierten Bezeichnungen wie: „Projektstatuserhebung".

Dies sollte Sie als Momentumspezialist nicht von der ursprünglichen Strategie abhalten, Ihrerseits Energie zu investieren. Sie dürfen bloß nicht den Fehler machen, dieselbe ausgerechnet in die Feedback-Phase zu stecken. Nehmen Sie das realistische und meist negative Feedback hin und betrachten Sie es als historische Zustandsbeschreibung (nicht fälschlicherweise als Lern- und damit Treiberchance). Versehen Sie diese Phase mit Kommentaren wie: „Das konnte man sich schon denken", „Das war der/die falsche Mann/Frau", „Das war eben doch das falsche Konzept", „Die Idee und wir liegen richtig, aber so ist das halt im Leben", „Das sind nun mal Zwangsläufigkeiten im menschlichen Zusammenleben" oder auch: „Alle Abläufe in größeren Organisationen verlaufen zyklisch ..." Alle Mitstreiter werden durchhängen – Ziel erreicht.

Wenn nach dieser Diskussion noch substantielle Veränderungsenergie übrig bleiben sollte, spielen Sie die Psychokarte aus. Dies bedeutet, dass Sie der gesamten Mannschaft kommunizieren, eine gemeinsame Auszeit sei notwendig, um mit diesen Feedbackdaten umzugehen. Jetzt müsse man *verdauen* und *nachdenken*. Danach erst sei an weitere Schritte zu denken.

Bedenken Sie, wer überlegt, der ist überlegen. Zumindest wirkt er so, auch wenn manche Art von „Überlegung" im Wirtschaftsgeschehen bedeutet, den Anschluss an den Markt zu verlieren, weil man in der gleichen Zeit nicht zum Handeln kommt. Lassen Sie sich durch die letzten Worte nicht irritieren, denn schließlich geht es Ihnen nicht darum, einen Wirtschaftsprozess durch Ihr Verhalten optimal zu bedienen, sondern darum, Ihre Statusposition abzusichern. Ihre Grundannahme besteht darin, dass Leistung nicht im *Er-

werben von Gütern, sondern im sinnvollen *Verteilen* derselben Güter besteht.

Sitzen Sie das Momentum aus und machen Sie sich auch nach innen hin pädagogisch nützlich. Sie erziehen die inneren Abläufe damit so, dass Mitarbeiter und Kollegen nicht mehr danach drängen, an Profit zu kommen. Wo kämen wir hin, wenn interne Diskussionen in einem Gerangel enden würden, in dem es offensichtlich um materielle Werte geht. Merken Sie sich ein paar Redewendungen, um von einer eventuellen Profitabilität von Ideen abzulenken: „Es geht doch hier um etwas Höheres!", „Jetzt bin ich aber enttäuscht von Ihnen, meine Damen und Herren", „Bedenken Sie doch, wohin das führt", „Das kann doch nicht Ihr Ernst sein, dass wir unsere Unternehmenskultur einem vordergründigen Materialismus opfern!"

Veränderungen als Dauerzustand mag die arbeitende Bevölkerung nur in Ausnahmefällen. Den „Homo sapiens turbulens" erleben wir im Unternehmensalltag zwar immer öfter, jedoch ist dieser für seine Kollegen, Mitarbeiter und Vorgesetzten – sei er maskulin oder feminin – auf Dauer schwer genießbar.

Hinweis für angehende Change-Agents

Zielgerichtete Gruppenanstrengungen lassen sich schwer als Dauerzustand einplanen. Es ist energetisch wesentlich ökonomischer und verbessert auch die Wahrscheinlichkeit des Erfolges, wenn wir den Momentumansatz kennen. Danach bringt ein neuerlicher äußerer Anschub immer wieder neue Erfolgsaussichten. Wir haben noch viele ungenutzte Möglichkeiten, mit längerfristigen sozialen Handlungsrhythmen mehr Kreativität und Produktivität zu erreichen und dabei gleichzeitig die Freude an der Arbeit zu fördern, als es uns im gewohnten Dauerstress gemeinhin bewusst ist.

Regen Sie sich über Details auf

„Wieso?" werden Sie sich fragen. „Wieso soll ich mich über Details aufregen, das ist doch gerade das, was man mir im letzten Führungskräfteseminar versucht hat abzugewöhnen." Aber: Es geht hier um künstliche Aufregung und die macht Spaß, wie wir gleich sehen werden.

Sie müssen sich immer vor Augen halten, Sie handeln im Auftrag einer guten Sache: ein gut strukturiertes und *ordentlich* funktionierendes Unternehmen so zu lassen, wie es ist. Es fällt Ihnen als altem Profi innerhalb der Organisation nicht schwer, in Veränderungsprojekten oder konkreten Vorhaben Details zu entdecken, die sofort die Frage aufwerfen: „Wie könnte denn dieses Detail, *für sich betrachtet*, sinnvoll gelöst werden?" Zum jetzigen Zeitpunkt haben Sie natürlich keine Lösung, aber was Sie auf jeden Fall wissen, ist, dass es auf diese Weise nicht geht. Diese Sicherheit gibt Ihnen allemal das Recht, sich darüber aufzuregen, dass Change-Agents von Erfahrung offensichtlich „unbelastet" sind. Beginnen Sie deshalb Ihre Ausführungen mit Einleitungen wie z.B.: „Jetzt bin ich schon x Jahre lang im Haus und immer wieder stolpert man über dieselben unerträglichen Kleinigkeiten!" Begehen Sie aber niemals den Fehler, eine eigene Lösung anzubieten. Weisen Sie vielmehr energisch darauf hin, dass gerade dieses Detail in einen anderen Zuständigkeitsbereich fällt. Im Sinne eines „kooperativen Stils" halten Sie sich geflissentlich heraus, denn „Kooperation" bedeutet für Sie die Einhaltung von Zuständigkeiten!

Während dieser Darbietung achten Sie auf Ihre Stimme und auf Ihre Körpersprache. Es darf den Umsitzenden nicht entgehen, dass sie mit diesem Detail bei Ihnen eine Menge negativer Energie (im Sinne von Verärgerung und Blockade) hervorgerufen haben. Die Lernlektion aus diesem Ereignis ist ganz klar: Hätte man sich vorher und rechtzeitig mit Ihnen unterhalten, Ihnen die Chance gegeben, etwas an dem Konzept zu verändern oder es in der Schublade verschwinden zu lassen, dann hätte man jetzt nicht diesen unermesslichen Ärger. Wer weiß, wozu Sie imstande sind. Gehen Sie ruhig noch so weit, dass Sie nach der Besprechung auf den Gängen negative Kommentare abgeben. Tragen Sie Ihren Eindruck über die Qualität der Arbeit weiter, die im Großen ein gelungener Wurf sei, aber im Detail absolut schwach. Somit steckt sie voller Mängel und ist im Grunde nicht umsetzbar.

Wenn Sie auf Blockade Wert legen und die Notbremse ziehen wollen, dann sagen Sie zu dem gleichen Thema: „So etwas ist mir noch nicht passiert" – und wenige Minuten später „So etwas passiert hier laufend." Das Unbehagen dieser paradoxen Äußerungen wird sich bei Ihren Kontrahenten bis in tiefere Darmregionen durchfressen und so leicht nicht zu bewältigen sein.

Bedenken Sie außerdem: Indem Sie sich über Details aufregen, nutzen Sie geschickt einen kulturellen Heimvorteil: Sie setzen auf Perfektion. Lassen Sie sich aber nicht aufs Glatteis führen und auf die Diskussion *Perfektionismus versus Präzision* ein! Mit Präzision können Sie Veränderungen immer noch kompatibel gestalten, aber nicht mehr mit Perfektionismus! Präzision betrachtet das *Notwendige,* Perfektionismus das *an und für sich Denkbare,* was immer das zu werden droht.

Mit dieser einfachen Richtschnur ist es Ihnen möglich, in jeder Situation das richtige Paradigma – den Perfektionismus – aus Ihren Gesprächspartnern herauszukitzeln. Haben Sie das geschafft, dann brauchen Sie nicht mehr viel zu tun, denn Perfektionismus lebt sich meist von ganz alleine. Munter beginnt eine ursprünglich zielgerichtete Diskussion, sich plötzlich im Kreise zu drehen. Kennzeichnen Sie diesen Kreislauf als notwendigen Klärungs- und Überlegungsprozess und dringen Sie an dieser Stelle keinesfalls auf Lösungen oder auf die Verfolgung von Zielen. Hier Ungeduld zu zeigen ist ein Widerspruch, mit dem man Sie leicht entlarven kann. Vertrauen Sie einfach dem Zeit raubenden perfektionistischen Eigentrieb. Er endet mit Sicherheit in einem „Maßnahmenbündel" ohne konkrete Handlung als Ziel. Im Gegenteil: Man kommt überein, noch spezifischere und fachlich fundiertere Überlegungen mit einzubeziehen. Diese stoßen bald an Grenzen, wo das ganze Projekt an einem diffusen Gefühl von Unmachbarkeit zu ersticken droht.

Hinterher sagen Sie, dass es durch Ihren geistigen Beitrag gelungen ist (den Sie natürlich als Wertschöpfung bezeichnen), ein so hoch kompliziertes und komplexes Thema rechtzeitig aufzudecken und die Umsetzung zu verhindern. Dies hätte Ihre Organisation wahrlich in ein nimmer endendes Chaos gestürzt. Für diesen Weitblick muss man Ihnen dankbar sein.

Hinweis für angehende Change-Agents

Warum scheitern wir immer wieder an Details? Obwohl Sie es nach dem eben Gesagten vielleicht nicht mehr so recht glauben wollen: Details sind wichtig. Dennoch sei festgehalten, dass in Zeiten der Veränderung die 80-prozentigen Lösungen gegenüber den 100-prozentigen die erfolgreicheren sind. Warum? Nun, die Logik ist simpel, aber brutal in ihrem Wahrheitsgehalt: Es *kann* keine Referenz in Prozenten zu etwas geben, was neu ist – oder wohin sollte die Veränderung sonst gehen, als zu etwas substantiell Neuem? In die verbliebenen 80 Prozent, wenn sie als Lösung auf den Weg gebracht wurden, Detailliebe und Detailkenntnisse zu stecken, ist löblich und gut, wenn die Zeit reicht. Wichtig ist, dass Sie unterwegs sind und nicht vor unberechenbaren Details im Vorfeld zurückschrecken. Auf *Reisen* trifft man viele Gleichgesinnte und jeder von ihnen entwickelt gerne seinen Beitrag zu den berühmten Details. Es wäre zu überlegen, ob wir dies nutzen sollten …

Sagen Sie immer, dass Sie offen sind ...

Was natürlich nicht heißt, dass Sie es auch gleich sein sollen. Dies steht im Gegensatz zu unserer Schlussanmerkung für Change-Agents in Kapitel 2. Sie sagen es: „Geht das nicht zu weit, ist das nicht eine totale Lüge, bei der ich hinterher erwischt und bloßgestellt werden kann, und somit eine gefährliche Strategie?" Wenn Sie kongruent kommunizieren: ja! Daher kommunizieren Sie bitte *konsequent diskongruent* (in Kapitel 39 wird davon noch mehr die Rede sein).

Was heißt das? Das Sagen ist das eine, das nonverbale Verhalten ist das andere. Wenn jemand meint, Sie hätten damals gesagt, Sie seien für alle Ideen offen, verhielten sich aber nicht so, dann verweisen Sie darauf, dass derjenige, der dies behauptet, offensichtlich nicht genügend soziale Kompetenz besitze. Hätte er diese, dann müsste er gesehen haben, dass Sie noch innere Vorbehalte hegen, die Ihr Verhalten deutlich gezeigt hat. Wüsste er oder sie denn nicht, wie solche Signale zu verstehen sind? Wie haben Sie sich dazu verhalten, als Sie sagten, Sie seien offen?

Folgendes wäre als Strategie also denkbar: Sie sagen laut und vernehmlich in die Runde: „In diesem Punkt bin ich ganz offen." *Gleichzeitig* schlagen Sie das vor Ihnen liegende Arbeitsmaterial zu, lehnen sich zurück und verschränken die Arme mit einem dezent mürrischen Gesicht. Oder Sie sagen: „Ich bin ganz offen" und blicken dabei sachte kopfschüttelnd auf die Tischoberfläche. Selbstverständlich fehlt jede Art von Begeisterung in Ihrem Gesicht. Auch die Handlung, die Kappe des (möglichst teuren) Füllfederhalters in diesem Moment aufzustecken, ist Hinweis genug, dass es sich hier nicht um wirkliche Offenheit, sondern um eine Ihnen aufgezwungene handelt. Sie können diese Nicht-Offenheit auch in Zukunft durch säuberliches Schließen Ihrer Zimmertüre demonstrieren. So pflegen Sie das Paradigma der Nicht-Erreichbarkeit und betonen, dass es *jetzt* darum ginge, bestimmte Vorgänge *abzuschließen*.

Sehr wichtig für Ihre Karriere ist es, auch in anderen Zusammenhängen zitiert und genannt zu werden. Andere müssen über Sie sagen können: „Ich glaube, der XY ist hier ganz offen. Sprechen Sie Ihn doch einmal an!" Und schon wieder haben Sie eine kleine Quelle im Informationskanalsystem des Unternehmens aufgetan. Sie bauen mit dieser Haltung Vertrauen auf. Dann werden Sie zitiert als jemand, dem man bestimmte Dinge ruhig erzählen kann. Sie können das Spiel mit dem inkongruenten Kommunizieren – verbal und non-verbal – aber auch umdrehen. D.h. Sie können auch non-verbal *Offenheit* kommunizieren und sie gleichzeitig verbal *ablehnen*. Eine sympathische Geste, ein offener Blickkontakt sind immer untrügliche Indikatoren von Offenheit. Sagen Sie z.B.: „In diesem Seminar können wir doch nicht die Hierarchie-Ebenen miteinander mischen", und setzen Sie dabei Ihr charmantestes Gesicht auf. Vermitteln Sie dadurch, dass es an dieser Stelle zwar keinen Sinn mehr hat nachzubohren. Ihre ganze Offenheit steht den anderen jedoch zur Verfügung …

Ihre wahre Meisterschaft an Offenheit, Neues anzunehmen, erreichen Sie, wenn Sie mit Vehemenz und Nachdruck, allerdings nicht ohne falschen Zungenschlag, diejenigen Konzepte bei betriebsinternen Veranstaltungen vorstellen, verteidigen und würdigen, die Sie gegenüber Ihren Gegnern zuvor blockiert, bekämpft und behindert haben.

Hinweis für angehende Change-Agents

Die Ansprüche an Offenheit sind gestiegen. Reichte früher die Offenheit, mit der wir uns auch widerstrebende Meinungen angehört und darüber diskutiert haben, so ist das heute anders. Offenheit beweist sich mittlerweile mehr und mehr durch unseren Mut, Neues zu tun und aus den Erfahrungen dieses Tuns zu lernen. Offen *sein* für neue Wege redet sich leicht, offen sein, neue Wege *zu beschreiten,* ist eine andere Dimension. Erst hier zeigt sich unternehmerisches Denken und Handeln.

Stellen Sie das heraus, was sich bewährt hat

Denn „es kann ja nicht alles falsch gewesen sein, was wir bisher gemacht haben!" Das hat keiner gesagt, trotzdem sollten Sie sich prophylaktisch angegriffen fühlen. Das nimmt dem Change-Agent den Schmiss.

Jeder Stellenaspirant wird gefragt, wo er sich schon „bewährt" hat. Dabei interessiert nicht, welche Leistungen er oder sie im unternehmerischen Sinne bereits gebracht hat, sondern bloß, wie gut man im Aushalten von innerbetrieblichen Widersprüchen war. Beurteilen Sie Kollegen immer nach dem, was diese aushalten können, weniger nach dem, was sie endlich verändern wollen und nicht mehr bereit sind auszuhalten.

Neue Vorstellungen werden daraufhin abgeklopft, ob sie sich woanders schon bewährt haben. Wenn sie abklopfbar sind, sind sie naturgemäß nicht mehr „neu", aber diesen geistigen Engpass nehmen wir gern in Kauf, wenn wir dafür etwas Altes, etwas Bewährtes bekommen können.

Bauen Sie als professioneller Anti-Change-Agent den Rahmen eines Antiquitätenhändlers um sich auf und kaufen Sie die gleiche Sache in anderer Lackierung lieber zwei- bis dreimal, bevor Sie sich den Stress einer kompletten Neuerung antun. Auch dann nicht, wenn man uns einreden will, *das Neue* könnte die Firma und ihre Arbeitsplätze *erhalten!* Diesen verbalen Widerspruch erkennen Sie gleich: Etwas Neues will angeblich etwas Bestehendes erhalten! *Merke aber:* Alt bedeutet Qualität.

Setzen Sie die Akzente auf die Vergangenheit. Erzählen Sie, was sich so in Ihrem Unternehmen ereignet hat. Reden Sie über Stories, Begebenheiten, Lustiges oder Gefährliches. Stehlen Sie dem Nachdenken über die Zukunft die Zeit und beglücken Sie die Anwesenden mit historischen Analysen, warum die Dinge so und nicht anders gelaufen sind. Sollte es einer wagen, Ihnen daraus einen Vorwurf zu machen oder zur Sache kommen wollen, haben Sie schon eine Trumpfkarte: „Ich dachte, wir sollen ein Lernendes Unternehmen werden, woraus sollen wir denn sonst lernen als aus der Vergangenheit!" Hiermit moderieren Sie die Anwesenden automatisch in Zeit fressende Betrachtungsweisen hinein. Der dabei entstehende Zeitverlust für Veränderungsdiskussionen bedeutet für Sie und Ihre Ziele einen Zeitgewinn.

Legen Sie Wert darauf, das Alte mit dem Neuen zu verbinden, und lassen Sie sich ganz genau erklären, wo die Verbindung liegt. Da liegt auch der Ansatzpunkt Ihrer ernüchternden Killerfrage, die jeden zukunftsgestaltenden Unternehmer schaudern lässt: „Brauchen wir denn wirklich etwas Neues? Ist es nicht vielmehr so, dass ..." Der Rest ist austauschbar.

Hinweis für angehende Change-Agents

In allem, was wir tun, schreiben wir Geschichte. Nicht die ganz große Weltgeschichte. Die steht hier auch nicht im Mittelpunkt des Erstrebenswerten. Ich meine die kleine Geschichte, die für jeden von uns selbst Bedeutung hat und für die, die mit uns sind. Die passende antike Weisheit dazu heißt: „Carpe diem!" Das ist nichts Neues, aber in unserem Zusammenhang von Bedeutung. Es geht um das Bewusstsein der vernetzten Verantwortung und um die Frage, ob wir diesem Anspruch gerecht werden, wenn wir uns in Vergangenheitskontemplation als Argumentationshilfe ergehen. Statt dessen sollten wir öfters zukunftsorientiert denken und reden mit den Fragen nach Lösungen auf den Lippen.

Rückblicke sind erstrebenswert, um aus ihnen zu lernen. Dieser Spruch ist allgemein bekannt, jedoch nicht die Methode, mit der man dies erfolgreich bewerkstelligt. Ein Change-Agent lernt angeblich schneller als andere und steckt das Unternehmen damit positiv an. Meist macht er das durch kurzfristige Rückblicke und Reflexionen in die Zeitbereiche, die wir gerade hinter uns gebracht haben. Der Rückblick in den historischen Rahmen (siehe Kapitel 24) öffnet jedoch meist dem Fatalismus Tür und Tor. Gleichzeitig bietet er weniger Erkenntnisse für die nächsten vor uns liegenden Schritte. Durch regelmäßiges Feedback und Reflexion könnten die meisten von uns richtig gut werden …

Betonen Sie Ihren Kooperationswillen

Geschickte Veränderungsgegner verhalten sich nie wie Veränderungsfeinde. Wenn Sie Ihren Kooperationswillen bekunden und gelegentlich kleine Veränderungen einleiten, vergeben Sie sich nichts. Gehen Sie allerdings nur bis an den Rand des Alten, ohne es grundsätzlich zu verlassen. Kooperieren zu wollen bedeutet nicht, dass Sie das ursprüngliche Spezialisten- und Zuständigkeitsdenken abgelegt haben. Nein, Sie sind nach wie vor für Zuständigkeiten, die über das Unwesen des Organisationsplans ausgetragen werden und gegen Zuständigkeiten, die aus dem momentanen Projekt, aus der Aufgabe oder aus der dringenden Befriedigung eines Kundenbedürfnisses entstehen. Das ist ein entscheidender Unterschied. Organisationsplandenken ist Claiming, Projektdenken ist Erfolgsdenken.

Kooperieren heißt für Sie nichts anderes, als dass sich eine andere Abteilung, eine andere Dienststelle, eine andere Person temporär oder dauerhaft auf Ihrem Verteiler wiederfindet. Das sollte dem Sinn des Wortes genüge tun. Sie kooperieren im gegenseitigen Austausch von Informationen. Was nicht heißt, dass Sie gemeinsame Prozesse definieren. Das Ausbleiben dieser Tätigkeit merkt ohnehin so schnell keiner, denn prozessorientiertes Denken in einer Organisation zu entwickeln, die ihren Erfolg mit formalen Zuständigkeiten begründet hat, ist kein so leichtes Unterfangen. Wenn Ihre veränderungswütigen Kollegen nicht so scharf nachdenken – und das tun die nicht ständig – werden sie nicht bemerken, dass Sie sich nicht aus dem Rahmen des alten Paradigmas hinausbewegt haben.

Das muss auch dann noch nicht der Fall sein, wenn plötzlich eine Matrix-Organisation aufgesetzt wird, um besser über Zuständigkeitsgrenzen hinweg kooperieren zu können. Auch diese Entwicklung bedeutet noch lange nicht, dass jetzt allüberall eine bereichsübergreifende Teamarbeit einsetzt. Bei der Vorbereitung auf die neue Organisationsform haben Sie gelernt, dass es der Kooperations*wille* sei, der nunmehr vom Top-Management eingefordert wird. Na, den haben Sie doch schon lange! Wille heißt ja noch lange nicht gleich bierernste Umsetzung ... Sie jedenfalls sind schnell bereit, großzügig Ihre Verteiler zu erweitern und damit für einen erweiterten Informationsstrom zu sorgen. Täten Sie es nicht, würde man Ihnen Abschottung und die Verhinderung von Verbesserungsprozessen vorwerfen. Oder jemand käme auf die Idee, die bei Ihnen erzeugten Informationen seien nichts wert. Also ran an die Kopierer und E-Mails: Jeder soll wissen, wie viel Information man bei Ihnen bekommt. Im Stillen haben Sie sich ausgerechnet, dass die meisten diesen Schritt wieder bereuen werden, denn sie werden als Folge dieser „Kooperation" mit Papierbergen und unverdaulichen Inhalten zugeschüttet ...

Ob im Sinne des Erfinders wirklich kooperiert werden darf (auf diese Frage muss man erst mal kommen!) muss von oben entschieden werden, da mischen Sie sich nicht ein! Wohl wissend, dass man sich höheren Ortes selten darauf einigt, die Claims plötzlich floaten zu lassen. Und wenn es geschieht, keine Sorge, so heiß wird nichts gegessen. Entgegen allen Kooperationsrundschreiben halten die alten Seilschaften erfahrungsgemäß länger als die Intensität der Umorganisationen. Alles ist nur eine Stabsübung, ein Herbst- oder Wintermanöver. Alle wissen, wie sie zu überleben sind. Sie sind aber natürlich gerne bereit, hier mitzumachen, falls es so gewünscht wird ...

Unsere Prozessberater werden langsam in der Pfanne verrückt, denn Prozesse entlang einer Wertschöpfungskette sind bis dahin keineswegs entstanden. Sie hören die neuen Predigten zwar, allein es herrscht der alte Glaube.

Merken Sie, was Sie damit anrichten? Sie haben damit auf einer akzeptierten Ebene das alte Zuständigkeitsparadigma verfestigt und um eine neue Runde erfolgreich weiterhin für die Zukunft gesichert. Ihre Veränderungsaktivisten werden es bemerken, meist erst, wenn genügend Zeit verstrichen ist. Das ist der Vorteil für Sie und Ihre Gewohnheiten. Es ist ausgesprochen wichtig, das Zuständigkeitsparadigma im Sinne des Organisationsplanes zu verteidigen.

Hinweis für angehende Change-Agents

Neu ist auch das Paradigma, dass Zuständigkeiten sich jetzt in einer vernetzt arbeitenden Prozesskette finden und nicht mehr als „Kästchen" in einem Plan. Allzu gern bauen wir nach 100 000 Jahren immer noch Höhlen und Nischen, in denen wir einer deutschen Grundtugend nachgehen: der Gemütlichkeit (übrigens ist dieser Begriff in wenige andere Sprachen übersetzbar). Aber auch Veränderungsprozesse bieten ein Umfeld, in dem wir uns heimisch fühlen können. Spätestens dann, wenn wir merken, dass sie uns eher ernähren als die ehemaligen „Kästchen".

7.

Fragen Sie nie „Wozu?", sondern immer: „Warum?"

Warum? Es ist einfach und unbewusst. Beobachten Sie einmal, mit welchen Worten sich Menschen über Probleme unterhalten. Welche sind die Fragen und Fragewörter, die sie benutzen? Es ergeben sich Diskussionen etwa wie: „Wer hat dieses Problem verursacht, warum haben wir es?" Im ersten Ansatz ist dies die Suche nach dem Schuldigen. Sie wird meist nicht konsequent weitergeführt, da sich alle einig sind, dass es so etwas wie Schuld in einem Unternehmen nicht gibt. Menschen sind in einem organisatorischen Netzwerk aufeinander angewiesen.

Analysieren wir also das Problem an sich. „Hat jemand eine Definition des Problems?", „Ja, das ist ja das Problem!", „Warum?" ... usw. Damit haben Sie mindestens ein bis zwei Stunden Zeit geschunden für eine exakte Beschreibung eines Bildes der Vergangenheit. Neidvoll werden professionelle Historiker auf Ihre Akribie schielen.

Unter Zuhilfenahme von Dokumenten der eigenen Erinnerung und unter Heranziehung weiterer Zeitzeugen versuchen Sie jetzt, ein lückenloses Bild dieses Fehlers oder Problems zu beschreiben. Darin sind die meisten Ihrer Mitarbeiter auch geschult. Dies ist ein exaktes, sachliches Gebiet, an dem sich jeder beteiligen kann, ohne Ideen bringen zu müssen und ohne das Risiko einzugehen, Verantwortung übernehmen zu müssen. Es geht auch nicht um Verantwortung bzw. um „den Schuldigen". Man weiß auch, dass man letztlich nicht zur Rechenschaft gezogen wird, sondern dass diese Suche nach einer Fehlerursache durchaus in dem redlichen Bemühen betrieben wird, die Fehlerquelle zu beheben. Nach ein bis zwei Stunden (oder Sitzungen) gründlicher Arbeit ist es unseren Spezialisten leider dann doch nicht gelungen, die Komplexität zu entwirren. So schwärmt man also aus und trifft sich nächste Woche wieder. Dieses Mal gerüstet mit mehr Material, das der Komplexität noch besser „gerecht" wird. Sie brauchen nichts zu tun, damit dieser Prozess wie von Zauberhand läuft. Sie brauchen bloß immer wieder nach dem „Warum" fragen und Sie müssen darauf achten, dass Sie nicht das Wörtchen „wozu" verwenden.

Warum nicht „wozu"? Weil Sie mit „wozu" einen völlig anderen Fokus setzen. Sie animieren Ihre Zuhörerschaft ein Zukunftsbild anzuschauen bzw. ein Zukunftsbild zu suchen. Mit „wozu" leiten Sie die Suche nach einem Ziel, möglicherweise noch nach einem Kundenbedürfnis, ein. So etwas kann gefährlich werden, denn oft endet dies in prozessorientiertem Denken (siehe das vorangegangene Kapitel).

Es gibt auch in Ihrem Kollegenkreis sicher bereits Leute, die die eigenartige Frage stellen: „Wozu ist das Problem gut, was können wir daraus lernen?" Zuerst könnte man meinen, diese Kollegen hätten im Fach Deutsch nicht richtig aufgepasst. Wenn Sie an dieser Stelle aufgepasst haben und ganz schnell sind, können Sie gerade noch kritisieren, dass hier wohl ein Ausdrucksfehler vorliegt! Meist geht es jedoch zu schnell: Die Kollegen in der Runde haben in ihrem Kopf schon von Vergangenheit auf Zukunft umgeschaltet und sind dabei, eine Lösung zu suchen. Mit „warum" jedoch ist gewährleistet, dass niemand auf den vermessenen Gedanken kommt, ein Problem könne über seine bloße Existenz hinaus auch einen Lernprozess verursachen.

Uns Deutsche bezeichnen andere und wir selbst gerne als das Volk der Dichter und Denker. Wir beschäftigen uns mit geistig wertvollen Dingen. Erst wenn wir uns diese Position genügend aufs Neue bewiesen haben, durch philosophische Analysen, historische Rückgriffe und feinsinnige politische Überlegungen, sind wir bereit, für die schnöde und profane Frage nach unserer Tageswirklichkeit: „Wozu haben wir das Ganze gemacht, wozu ist das gut?" Als ob wir den ständigen Neid unserer Mitmenschen befürchten müssten, meiden wir diese Frage nach dem Nutzen. Als ob andere riechen könnten, dass wir vielleicht einen Braten haben, auf den sie noch nicht gekommen sind …

Wir wollen sozusagen sicher sein, dass wir mit guten traditionellen und ureigentümlich teutonischen Eigenschaften uns nicht leichtfertig einem vordergründigen Aktionärsinteresse ausliefern. Das hat mit Unternehmerfeindlichkeit nichts zu tun, im Gegenteil, wir sind *sehr* unternehmer*freundlich*. Aber ein Unternehmer hat unserer Meinung nach von einem schöngeistigen Impuls geprägt zu sein. Schließlich gehen manche unserer elementaren Grundwerte auf das Biedermeier und noch früher zurück. Wurzeln zu kappen war noch nie hilfreich, wenn die Blätter wirklich Wachstum bringen sollen. (Mehr über Metaphern und Analogien in Kapitel 41.)

Falls Sie dennoch der Verlockung erliegen und Veränderungen nun auch auf Ihrer Agenda stehen, können Sie das Repertoire der zukunfts- und lösungsorientierten Fragen freilich erweitern. Es empfiehlt sich rechtzeitig vor Abschluss der Problemlösungsdiskussion noch die Frage: „Und wie wollen wir uns verhalten, wenn es wiederkommt?"

Die Antworten darauf sollten Sie sofort in ein Projekt ummünzen. Alle werden etwas glücklicher sein, die Zukunft gestalten zu dürfen, und Ihre Position ist sicherer als je zuvor. Oder Sie stellen die Frage: „Mit wem oder welchen Personen wollen wir das Problem lösen?" Alle sind zugelassen vom Vorstand über die Putzfrau bis zum Kunden.

Hinweis für angegehende Change-Agents

Lösungshinweis: Diejenigen, die am tiefsten im Problem stecken bzw. es bislang auszubaden hatten, wissen meist viel über seine Lösung. Manchmal nicht explizit, aber man könnte ja mal einen Kundenworkshop machen oder andere innovative Dinge versuchen …

8.

Verweisen Sie sofort auf die Kosten

Im letzten Kapitel kümmerten wir uns um die Gefahr, auf profitable Ziele hereinzufallen. Dieser sind Sie konsequent und unternehmerfreundlich im wohlverstandenen Sinne ausgewichen. Dieses Kapitel gibt Ihnen das Rezept, wie man Unternehmerfreundlichkeit wirklich lebt. Nachdem es verpönt ist, als profitgierig zu gelten, und der Trend zu Unternehmerfreundlichkeit trotzdem existiert, bietet sich als einziger Ausweg die Variante des Kostensparens an.

Es gibt so manches Unternehmen, das Kaufleute zu seinen „Machern" gezählt hat, das sich dann gewundert hat, warum in harten Zeiten plötzlich der Glaubenssatz „Durch Sparen wird man reich" systematisch durch die Organisation kommuniziert wird. Auf den ersten Blick scheint nichts negativ daran zu sein. Sparen ist immer gut, nur: Wird man dadurch reich, erobert man dadurch neue Geschäftsfelder, schafft man dadurch neue Möglichkeiten?

Kaum, denn es ist nur eine Frage der Zeit, bis alle merken, dass wichtige unternehmerische Komponenten fehlen: das Investieren in Projekte und das Erwirtschaften von Profit aus dieser Tätigkeit. Wenn sich alle mit der Verwirklichung des Satzes „Durch Sparen wird man reich" beschäftigen, verhindert man zwar das Wegfließen von Geld, trägt jedoch wenig zur Investition in die Zukunft bei. Und genau das wollen Sie ja verhindern: dass nämlich das Gerede von der Zukunft konkrete Formen annimmt. Sie gehören zu denjenigen, die sich endlich mal wieder „in Ruhe" der Zukunft widmen wollen. Außerdem benötigen Sie Zeit, um sich den richtigen und ordentlichen Geschäftsabläufen zuzuwenden.

Wichtig ist, wie Sie die Frage stellen: „Was kostet das?" Bemühen Sie sich, jeden Anschein von Flexibilität zu vermeiden. Bitte nicht dabei die Stimme anheben oder die anderen Anwesenden in offener Erwartungshaltung anblicken. Signalisieren Sie deutlich, dass jede Zahl, die genannt würde, Ihren Unmut und Ihren Widerstand berechtigterweise verstärken würde. Vielleicht sind Sie im konkreten Fall gar nicht derjenige, der das in Frage kommende Budget verwaltet. Um so deutlicher und beflissener zeigen Sie, dass Sie so denken, als wäre es Ihr Geld. Diese Grundhaltung berechtigt zu weiteren Karriereambitionen. Es wird sicher einmal jemandem positiv auffallen und so können Sie in die engere Wahl für höhere Verantwortung gezogen werden.

Kostenverantwortlichkeit ist die erste Lektion, die man lernen muss. Ob Sie diese Verantwortung später auch wirklich ausfüllen können, danach fragt im ersten Moment keiner. Sie fördern mit anderen Worten Ihre Karriere und verhindern, dass voreilig für innovativen Unfug Geld in den Sand gesetzt wird.

Einmal mehr haben Sie stabilisierend gewirkt. So können Sie übrigens auch die Position absichern, die Sie anstreben oder erhalten möchten – jeder braucht ja Ziele. Den richtigen Kick ins Unternehmerische gewinnen Sie durch das konsequente Vorleben und Verbreiten des besagten Glaubenssatzes: Leben Sie einfach sparsam! Sie brauchen einfach nichts: keinen Bleistift, keinen Block. Aber auch keinen PC und schon gar kein Kreativitätsseminar. Zeigen Sie Ihren Mitmenschen, wie man unternehmerisch erfolgreich ist – ohne jede Art von Investition. Irgendwann wird die Konjunktur, diese magische Hinterlassenschaft von Plisch und Plum, falls die noch jemand kennt, wieder positiv zuschlagen und alle unsere Probleme lösen. Derweil werden wir halt durch Sparen reich.

Hinweis für angehende Change-Agents

Dieser Glaubenssatz ist genauso blödsinnig wie wirksam. Gemeinerweise geht von ihm eine immanente Überzeugungskraft aus, die eine bestimmte Art von Rationalisierungswahn sanktioniert. Der Satz fällt mitten in das Federbett einer bestimmten deutschen Grundtugend, die sich in der Abfolge von mehreren Kriegen und Nöten im Unterbewusstsein unserer Bevölkerung als unumstößliche Wahrheit eingenistet hat.

Reichtum entsteht durch *Schaffung* von Mehrwert und nicht durch den Versuch, die „Halle voll Gold zu bewahren" (Laotse). Bei der Tätigkeit der Schaffung von Mehrwert ressourcenorientiert und kostengünstig vorzugehen ist eine unternehmerische Grundtugend, die niemand in Frage stellt. Doch wenn diese Eigenschaft in Zeiten der Herausforderung zu einem Angstreflex führt, der jede Art von Innovation im Ansatz bremst, hat die Gemeinschaft der Mehrwertschaffenden schlechte Karten. Intelligente Unternehmer investieren bereits vor den Zeiten der Not in Veränderungsprogramme. Sie reagieren auf Herausforderungen, bevor sie sich Bankforderungen gegenüber sehen.

Halten Sie den Aspekt vernünftiger Planung hoch

Ohne Plan, ohne genehmigten Plan geht gar nichts. Es kommt uns ja nicht darauf an, unsere Pläne sinn- und zielgemäß durchzusetzen. Das geschieht fast von alleine, wenn vorher nur richtig geplant wurde! – So denken wir. Und schimpfen diejenigen, die sich offensichtlich nicht an den Plan gehalten haben, wenn die Ziele nicht erreicht wurden. Die Einwände der Ausführenden, dass gerade ohne diese Abweichungen vom Plan die Zielverfehlung noch größer gewesen wäre, brauchen wohl nicht kommentiert zu werden: Dies sind ganz offensichtlich klägliche Ausreden und leicht spöttische noch dazu!

„Ja, mach nur einen Plan, sei nur ein großes Licht und mach noch einen zweiten Plan: Gehen tun sie beide nicht!" Das sagte schon Bert Brecht. Er galt zu Lebzeiten nicht als unternehmerfreundlich. Obiges Zitat belegt, dass er es partiell zumindest war, denn die Botschaft mit dem Planen erinnert an eine unternehmerische Kernkompetenz: das Handeln.

Umgekehrt bedeutet dies für jeden guten Anti-Change-Agent natürlich: Planen – am besten wie das Landratsamt … Da hätten wir als erstes die Jahresplanung. Die kostet uns mindestens vier Monate Arbeit im Vorhinein. Auf was wir da alles achten müssen! Zu große Veränderungen in der Vorgehensweise zum Vorjahr schätzen wir gar nicht, denn das würde die Ausführenden dieser Pläne in solchen Schrecken versetzen, dass wir vor lauter Nachfragen desorientierter Mitarbeiter die Umsetzung gefährden würden.

Wo bleibt da die unternehmerische Verantwortung für das zu erzielende Geschäftsergebnis? Es hat schon kühne Vorstände gegeben, die meinten, man solle wenigstens in größeren zeitlichen Abständen planen und mehr zum Handeln kommen, aber deren Anregungen werden schnell von der Verantwortungsangst aufgefressen. Ein Plan muss her, je ausführlicher, um so besser. Dann sollte eigentlich nichts mehr schief gehen können.

Das ewige Dilemma im Unternehmen besteht darin, dass Planer und Ausführende sich nie zu verstehen scheinen. Jeder macht im Grunde in seiner Welt, was er will. Und gegen Bezahlung und Beförderung geben sich alle die größte Mühe dabei. Dieses Dilemma sollten Sie als Anti-Change-Agent nutzen und aufrechterhalten: Verfeinern Sie die Planungsinstrumente! Toolen Sie sie bis zum Zusammenbruch der Speicherkapazität Ihrer EDV-Anlage! Schulen Sie die Planungsverfahren! Stecken Sie die gesamte Veränderungsenergie in die Planungsprozesse! Studieren Sie die Planungsverfahren der Konkurrenz und benchmarken Sie sich gnadenlos an denselben! Rufen Sie zum Jahr der Planung auf und regen Sie eine Mitarbeiterinitiative zur Verbesserung der Verfahrenslandschaft im Planungswesen ein! Wow! Eine solch massive unternehmerische Prozessbremse mit derart perfekter Legitimation könnten wir in unserer schwärzesten Phantasie nicht erfinden. Die gibt es bereits. Was man hat, soll man auch nutzen, wozu ist es schließlich da? Noch Skrupel? Dann sollten Sie besser planen!

Hinweis für angehende Change-Agents

Mit den eben beschriebenen „Arbeiten" treiben Sie die erfolgsorientierten Veränderer an ein leading edge besonderer Art: dieses Mal bestehend aus einem Abgrund – mit der Garantie zur Verzweiflung. Change-Agents geben sich nämlich Mühe, ganzheitlich zu denken und zu handeln. Außerdem ist es deren Anliegen, Planung und Umsetzung im Sinne eines lernenden Unternehmens mit engmaschigen und kurzfristigen Feedbackschleifen zu versehen. In deren Denken werden Pläne im Extremfall zu Abfallprodukten der Online-Dokumentation: Die Umsetzung hat stattgefunden, wenn der Planer den ersten Entwurf präsentiert. Zur Beschleunigung Ihrer Prozesse im Sinne einer Kundenorientierung und Wettbewerbsorientierung versuchen Sie doch einmal, das eine oder andere Planungsinstrument auszublenden, und prüfen Sie nach, was hinterher wirklich schlechter war. Es gibt Alternativen zum Erfolg, als nur die Möglichkeit, sich zu Tode zu planen.

10.

Verdeutlichen Sie Ihre eigenen unermüdlichen Veränderungsversuche

Sicher hat es in der Vergangenheit Veränderungsversuche gegeben, die von Ihnen ins Leben gerufen wurden. Und, bitte, das möge man doch einmal anerkennen. Immer und immer wieder haben Sie sich unermüdlich dafür eingesetzt, dieses Unternehmen von Verkrustungen zu befreien, seine erfolgsfeindlichen Hindernisse zu beseitigen und täglich zu einem allgemeinen Verständnis der Veränderungsnotwendigkeit beizutragen.

Da gab es doch schon einmal den Arbeitskreis XY, der sich grundlegend und umfassend mit der Thematik des komplett EDV-unterstützten Sekretariats beschäftigt hat. Woran ist man gescheitert? Natürlich – am Widerstand der Sekretärinnen selbst, also an menschlichen Faktoren. Unbeeinflussbare Persönlichkeitsgrößen, trainingsresistente, wahrscheinlich genetisch verwurzelte Verhaltensweisen.

Oder Sie versuchen eine andere Variante: Die interne Mafia hat Ihre Veränderungsversuche zunichte gemacht. Auch Sie – ein Sympathisant des Neuen – haben sich immer wieder eine blutige Nase geholt. So ist dies nun einmal in einer Organisation. Man kämpft mit Windmühlen und hat es nur noch mit Politik zu tun. Trotzdem haben Sie sich nicht kleinkriegen lassen und kämpfen mit einer bewundernswert rebellischen Grundhaltung nach wie vor idealistisch um Verbesserungen – Verbesserungen, die nie eintreten werden, Verbesserungen, die marginal sind, Verbesserungen, die keiner registriert hat ...

Was jedoch registriert wird, ist Ihr Einsatzwille, Ihre Leistungsbereitschaft und Ihr glaubwürdiges Engagement. Die Effektivität Ihrer Anstrengungen kann sowieso niemand beurteilen. Machen Sie Ihren veränderungswütigen Novizen, den Change-Managern, klar, dass dies der Sinn des Lebens ist: ständig mit dem ewig Menschlichen, das heißt im Klartext mit dem inneren Schweinehund kämpfen zu müssen (mit dem der anderen, versteht sich, nicht mit dem eigenen). Spätestens nach solchen Ausführungen ergreift betretenes und ehrfurchtsvolles Schweigen Ihre Zuhörerschaft. Heimlich machen sich irgendwelche Kameraden Notizen, Sie für eine noch nicht erfundene Ordensverleihung, Beförderung oder Gehaltserhöhung vorzuschlagen ...

Diese Suada von Veränderungsfehlschlägen der Vergangenheit hat erzieherische Absichten. Als erfahrenes Mitglied des Führungskreises haben Sie auch pädagogische Pflichten und betreiben Weiterbildung kostensparend on the Job.

Schließlich müssen die eifrigen jungen Leute erstens gläubig zu Ihnen aufsehen und zweitens müssen sie auf die Härten der ihnen bevorstehenden Biographie hin prophylaktisch demotiviert werden. Sonst halten die das nicht aus, was sie erleben sollen. Und das wäre schade um so viel akademische Intelligenz. Aber: Haben *Sie* sich kleinkriegen lassen? Nein, niemals.

So manch einer von denen, die Sie beeindrucken wollen, ist tatsächlich beeindruckt und ein wenig verängstigt, ob es der rechte Kurs sei, den er eingeschlagen hat. Ein paar von denen bringen Sie so garantiert in andere Geleise. Nicht heute und nicht morgen. Aber übermorgen, denn leise fressen sich kleine innere Ratgeber bis zum Bewusstsein durch, die dort vermelden: Dem Meier ist es so mies ergangen, daraus sollte ich lernen und gleich die Dinge besser machen. Wieso soll ich an den gleichen Dingen scheitern, wie die anderen vor mir? Und schon sind wohltuende Anpassungstendenzen eingeleitet. *Merke:* Change-Agents sind lernfähig!

Hinweis für angehende Change-Agents

Die positive Botschaft dieses Abschnitts ist, dass wir nur *von einander* lernen können. So gesehen gibt es keine Gelegenheit, die wir zu diesem Zweck auslassen sollten. Die Frage ist nur: Lernen wir immer und überall um des Lernens willen? Lernen ist wesentlich effektiver, wenn eine Herausforderung, ein Ziel oder ein Problem im Raume stehen und uns zum Lernen animieren. Manch erfolgreiches Workshopkonzept gründet auf dieser Tatsache.

Von gescheiterten Veränderungsversuchen der Vergangenheit sollten wir uns nie beeindrucken oder einschüchtern lassen, egal, aus welchem Motiv heraus sie erzählt werden. Es gibt Fälle, bei denen erst der tausendste unbeirrte Wiederholungsversuch den Durchbruch gebracht hat und ein Erfolg wurde.

11.

Greifen Sie neue Ideen sofort auf

Natürlich nicht, um sie umzusetzen! Wenn es noch niemand geschafft hat, Sie vor einer derartigen Naivität abzuhalten, dann hoffentlich der nachfolgende Text.

Ideen sind die Lieblingskinder unseres Geistes. Wir betrachten Sie als unseren Besitz, da unser Unterbewusstsein sich von ihnen eine bessere Welt und den persönlichen Erfolg verspricht. Damit nicht jeder ungeordnet Erfolgsbeiträge liefert, machen Sie sich zum Coach und Promoter einer neuen Idee und nehmen Sie sie einem anderen weg. Zuerst wird der sich noch wehren, aber irgendwann akzeptiert er es. Spätestens zu einem Zeitpunkt, der ihn lehrt, dass die Verwirklichung seiner Idee nur über Sie persönlich läuft.

Im zweiten Schritt werden Sie frecher: Machen Sie sich zum Owner dieser Idee und nicht zu ihrem Coach. Damit erlischt die Energie des ursprünglichen Erfinders, womöglich noch Handlungen in seine Idee zu investieren. Manchmal benötigt man mehrere (bis zu drei) Lektionen, bis der ursprüngliche Ideengeber erkennt, dass innovatives Denken und Handeln nur Sie belohnt und nicht ihn selbst. Erst dann tritt der wohltuend innovationsdämpfende Effekt ein, den Sie beabsichtigt hatten.

Ihr Ziel muss es sein, neue Ideen zu paralysieren. Neue Ideen haben schon viel Unheil über die Menschheit gebracht. Ihnen jedoch als höher bezahlte Führungskraft traut man Generationen übergreifender Weisheiten zu – höher bezahlte Einsichten also.

In einem Unternehmen haben wir regulierte Geschäftsabläufe, ein Unternehmen ist keine Spielwiese und kein Experimentierfeld. Neue Ideen verkauft man am besten sofort nach außen oder unterdrückt sie zum Nachteil der Konkurrenz mit der inneren Überzeugung: „Da können die anderen gar nicht so schnell darauf kommen wie wir!" Diese Hybris, so sagen unsere Change-Agents, ist im Zeitalter der Globalisierung tödlich, dennoch sollten Sie sich erst einmal sicher fühlen. Machen Sie die Tür zu und schalten Sie das Internet aus.

Mitarbeitern gegenüber achten Sie darauf, dass Ihre Intention, neue Ideen aufzugreifen, positiv verbucht wird und Sie als väterlicher Förderer oder als eine mütterliche Pflegerin wahrgenommen werden. Nur so schenkt man Ihnen das notwendige Vertrauen. Ihre in Kapitel 10 dargestellte eigene Unermüdlichkeit bei Neuerungen rechtfertigt dieses Vertrauen in Ihre Person. Die Leute sagen: „Wenn der/die es nicht schafft, schafft es sowieso keiner!" Sie kümmern sich darum, Sie sind der Ansprechpartner für Neuerungen, Sie sind die Zuständige, wenn es darum geht, Innovationen einzuleiten. So stehen Sie immer mitten im Informationsgeschehen. Das Einzige, was Sie noch zu tun haben, ist, diesen Informationsfluss in Ihrem Sinne zu strukturieren.

Und dafür gibt es eine herrliche Erfindung: das betriebliche Vorschlagswesen oder Initiativen nach dem Motto „Mitarbeiter haben Ideen" oder wie man es sonst zu nennen beliebt. Das System funktioniert einfach, aber wirksam. Es besteht aus „Einreichern" einer Idee (dem Behördendeutsch entlehnt) und aus „Beurteilern" einer Idee. Beide treten in Interaktion zum Wohle der Firma.

Und das sieht dann so aus: Nach schriftlicher Eingabe und Beschreibung der Idee erfolgt eine Kategorisierung und Weitergabe an den vermeintlich zuständigen Beurteiler. Der greift die Idee, wenn sie gut ist, auf, lehnt sie ab und führt sie woanders sinnvoll weiter. Der Einreicher erhält für seine Teilnahme am Spiel eine Prämie. Das System kostet ein bisschen was, aber es ist sozial gerecht und Teil von Befriedungs- und Kompensationsstrategien im sozialen Alltag. (Siehe auch Kapitel 34.)

Natürlich gibt es auch Verbesserungsvorschläge für ein solches System. Radikale Change-Agents behaupten nun, der Ideenfinder dürfe von dieser nicht getrennt werden und solle als Unternehmer im Unternehmen die Chance erhalten, mit Hilfe der vorhandenen unternehmensinternen oder auch extern eingeholten Expertise eine innovative Produkt- oder Prozessidee zur Verwirklichungsreife zu führen.

Das würde bedeuten, dass diese Menschen anfingen, sich zu verwirklichen und dabei auch noch Gefahr liefen eine leistungsorientierte Karriere zu beginnen! Aus der Vergangenheit wissen wir, wie schrecklich sich Menschen auf diesem Weg erfolgsorientiert verändern und sich von ihrem „wahren" Charakter des tüftelnden Schrebergärtners oder Märklinfanatikers in Muttis ehemaliger Waschküche entfernen können. Leistung ist eine tarifliche Domäne und gehört nicht in die Charta der Selbstbestimmung des Individuums. Hier müssen andere urteilen, was gut ist für mich.

Schon im alten Rom hieß es: „Das einzige Recht des Sklaven ist sein Recht auf Arbeit, es darf ihm nicht genommen werden!" Die Idee, dass ein Mitarbeiter plötzlich sein eigener Arbeitgeber im organisatorischen Verbund eines Unternehmens und entsprechend leistungsorientiert bezahlt wird, ist aus prinzipiellen Überlegungen daher abzulehnen. Das heißt: Als anti-innovativer Manager oder im besten Sinne konservative Managerin finden Sie Verbündete bei so manchem Tarifwächter. Nutzen Sie diese Gunst der Stunde zu anderen einträglichen Kompensationsgeschäften. Man kann ja mal handeln …

Hinweis für angehende Change-Agents

Kann sein, dass Sie mehr wollen, kann sein, dass Sie wirklich zu den Unternehmern gehören, die Deutschland wieder nach vorne bringen und Arbeitsplätze *schaffen* wollen. Letzteres ist übrigens eine völlig andere Strategie als sie bloß *erhalten* zu wollen – eine Strategie, die langfristig ins

Leere läuft und die Schraube der Zwangsrationalisierung immer weiter treibt.

Als kreativer Arbeitsplatzschaffer wäre es Ihre oberste Pflicht, Innovationen voranzutreiben, herauszufordern, den Ideenfindern die Möglichkeit zur erfolgreichen Verwirklichung zu geben. Wenn es ganz gut geht: Warum nicht eine Tochterfirma gründen, warum nicht eine Allianz mit einer von Ihnen ins Leben gerufenen Garagenbude eingehen, warum sich nicht mit einem Netzwerk von Entwicklern im Teleworkingstatus virtuell organisieren? Alle angeblich guten Gründe, die dagegen sprechen, verlieren täglich an Wert.

12.

Schreiben Sie Memos

Sie können nichts Besseres tun! In der heutigen Zeit wird so viel kreatives und innovatives Gedankengut nicht weiterverfolgt. Sie haben wenigstens erkannt, dass eine Lernende Organisation und deren professionelles Wissensmanagement das Festhalten von guten Gedanken auszeichnet.

Nein, verstehen Sie mich nicht falsch: Schreiben Sie bitte bloß kein Memo darüber, was Sie mit anderen beschlossen haben zu tun, um es auf diesem Wege den übrigen Kollegen, Mitarbeitern oder Vorgesetzten mitzuteilen. Das könnte man Ihnen am Ende noch als Anarchie auslegen. Nein, schreiben Sie bitte nur Memos darüber, was Sie oder andere zu einem bestimmten Zeitpunkt, in einem bestimmten Zusammenhang, zu einem bestimmten Zweck gedacht und gesagt haben, und grenzen Sie die Aussage auf Zielgruppe, Zeitpunkt und Organisationseinheit ab. Ein Memo können Sie immer wieder hervorkramen, wenn Sie eine stichhaltige Argumentation benötigen. Das ist der eine Vorteil. Den zweiten Vorteil, Veränderungsimpulse für den Historiker festzuhalten, haben wir schon behandelt. Schließlich lebt eine Lernkultur von ihrer Dokumentation. Wie soll man sonst der Nachwelt hinterlassen, wie gut man war?

Lassen Sie sich auch nicht irritieren, dass manche im Kulturwandel erfolgreiche Unternehmen als oberste Spielregel haben, keine Memos zu schreiben! Manche ahnden Memos sogar disziplinarisch und sorgen auf diese Weise mit Vehemenz für eine Beschleunigung ihres Kulturwandels. Lassen Sie sich nicht verunsichern von diesen neuzeitlichen Schnellschüssen. Eines Tages wird man froh sein, dass man auf Ihren Schatz von Überlegungen zurückgreifen kann. Außerdem können Sie immer sagen: „Bitte schön, das habe ich schon damals gesagt und keiner hat es ernst nehmen wollen. Jetzt guckt ihr aber alle, was?" Diese Rochade hatte in der Vergangenheit gelegentlich karrierewirksame Folgen. Deshalb ist Memoschreiben bei manchen auch so beliebt. Es erzeugt Aufmerksamkeit im proaktiven Sinne, denn die Organisation kennt diese Rochade und liebt sie nicht unbedingt. Zunehmend spricht sich jedoch herum, dass Memos nicht mehr ernst genommen werden, sondern nur noch diejenigen Handlungen, die unternehmerische Fakten schaffen.

Um dieser schädlichen Entwicklung vorzubeugen, kommt uns das Stichwort *Wissensmanagement* gerade recht. Wir können dieses ganz neue Thema erfolgreich im Lernenden Unternehmen mitziehen, ohne dass selbst manchem der beflissenen Change-Agents der subtile Unterschied zwischen *Lern-* und *Wissens*management auffällt.

Zum Lernen benötigen wir Bewegung, Kreativität und die Grundhaltung, für das Erreichen gemeinsamer Ziele gemeinsam lernen zu wollen. Zum Wissensmanagement brauchen wir zuallererst die Definition, was Wissen überhaupt ist, sonst können wir es nicht managen. Beim Lernen ist das Ergebnis des Prozesses die Definition davon, was das Lernen gerade war. Nach dieser Grundüberlegung über Wissen an sich kommen die Unterverzweigungen von Wissen und seiner Handhabung. Diese fallen verschieden aus und die unterschiedlichsten Schulen haben sich bereits positioniert. Es dauert nur eine kleine Weile, bis die neueste amerikanische Managementliteratur wieder übersetzt ist ... Der zweite erfolgreiche Schritt zum Wissensmanagement ist die Überlegung, dass man dieses hochbrisante unternehmensinterne Wissen nur bestimmten Menschen innerhalb des Unternehmens anvertrauen kann. Wie wäre es hier, dem Rat der neuen Gurus zu folgen und die Führungskräfte als Wissensmanager zu qualifizieren? Dafür müssen die natürlich trainiert werden, sonst sind wir uns nicht sicher, dass das funktioniert. Eine so sensible Materie erfordert ein hohes Maß an Kompetenz.

Aber mal im Ernst: Haben wir das nicht schon in der Vergangenheit intuitiv draufgehabt, als Macht noch umgekehrt proportional zu den Größen Information und Zeit war? Seinerzeit haben wir es beherrscht, mit dem Rückhalten von Informationen interne Macht auf der einen und Zeit – sprich Leistungsverweigerung – auf der anderen Seite aufzubauen, nach dem Motto „*Macht* ist umgekehrt proportional *Information mal Zeit*." Warum nicht wieder das Gleiche mit moderner Infrastruktur anstreben? Irgendwann lassen die Anstrengungen der Change-Agents nach, unsere Proportionalität mit Faktoren der Aufmerksamkeit aufzuweichen und dafür zu sorgen, dass im Sinne nachhaltigen und dauerhaften Lernens Information und Zeit (Motivation) freier fließen.

Irgendwann werden Sie sich entscheiden müssen, ob Sie den neuesten Managementtrend mitmachen und sich jetzt auch eine Visitenkarte drucken lassen mit der Aufschrift: „Chief Executive Knowledge Manager". Im Unterschied zum „Assistant Knowledge Manager" ... Man muss nur ein bisschen Ausschau halten, um in einer flachen Organisation wieder Rechtfertigungen für Hierarchien zu finden.

Hinweis für angehende Change-Agents

Einem Change-Agent würde man natürlich raten, sich primär in seinen Bemühungen auf den Prozess des Lernens zu konzentrieren und Wissen als Spin-off daraus als frei verfügbares Gut zu betrachten. Eine Adresse allerdings gibt es, wo dieses Wissen dringendst hintransportiert gehört: an die Universitäten. Genau dort fehlt das Erfahrungswissen zu einem Zeitpunkt, wo es die Prozesse der akademische Wissenserzeugung noch sinnvoll beeinflussen kann. Ein professionelles Feedbacksystem an dieser Schnittstelle gesellschaftlichen Lernens ist dringend erforderlich, wenn es wahr ist, dass nicht nur einzelne Unternehmen ein Problem haben, sondern der Standort Deutschland ... An die Schulen gar nicht zu denken. Es gäbe für Unternehmer in diesem Lande viel zu tun.

Verweisen Sie darauf, dass „wir uns" verändern müssen

An der Formulierung der Kapitelüberschrift dürfen Sie nichts verändern. Sagen Sie nur nicht, dass wir uns *alle* verändern müssen, denn dann schließen Sie sich mit ein. Wenn Sie sagen: „Wir müssen uns verändern" sind Sie zwar grammatikalisch eingeschlossen, aber nicht inhaltlich. Letztlich wollen Sie doch darauf verweisen, wie schwer, um nicht zu sagen fast unmöglich, es ist, sich gleichzeitig gemeinsam zu verändern.

Dass Sie sich selbst alleine von heute auf morgen verändern könnten, darüber gibt es natürlich keinen Zweifel. Ihre Flexibilität steht außerhalb jeder Diskussion. Auch die Flexibilität Ihrer Kollegen wollen Sie sicher nicht in Frage stellen. Der Aspekt, dass dies in einer gemeinschaftlich abgestimmten Form geschieht, macht die Sache jedoch erheblich schwieriger. Machen Sie bloß keinen Vorschlag, wie so etwas gehen könnte. Lassen Sie die anderen reden und argumentieren Sie in Einzelpunkten gegen deren mit Sicherheit naive, idealistische oder unreife Vorstellungen. Es geht eben nicht, dass *wir uns* verändern können. Da hat die Natur – und die wird sich schließlich etwas dabei gedacht haben – einen biologischen Riegel reingeschoben. Diese Grenze zu überschreiten könnte schon fast gesundheitsschädlich sein.

Haben wir uns das denn mal überlegt? Die entscheidende Option der Kapitelüberschrift haben wir noch nicht genutzt: Es ist die versteckte Botschaft, sich in die richtige Richtung zu verändern. An die Change-Agents gerichtet, kann diese nur lauten: „Werdet wieder vernünftig und schließt euch endlich meinen Vorstellungen an!" Dosieren Sie Ihre Wahrheiten vorsichtig. Unsere Veränderungsfreunde sind alle sehr sensibel und wenn die wittern, dass Sie fröhliche Urständ wieder aufleben lassen wollen, dann halten sie sich plötzlich an Kapitel 1 dieses Buches und lächeln leise ... Das darf nicht passieren! Lassen Sie doch die Veränderer in Feedbackrunden die Paradigmen erleben, die Sie Ihnen beibringen wollen. Dann haben diese Erkenntnisse nichts mit Ihrer Person zu tun, sondern mit der erlebten Wirklichkeit – und daraus wollten wir doch alle lernen, oder? Ihre ganze Kommunikationskompetenz und Subtilität sind dabei gefragt, denn schließlich können wir unterschiedliche Folgerungen aus den gleichen Ereignissen ziehen. Es ist eine Frage der Interpretation, was hängen bleibt.

Geschickt wie Sie sind, interpretieren Sie nicht selbst, sondern lassen dies die Runde tun und sobald das „richtige" Thema angesprochen wird – irgendeiner tut Ihnen den Gefallen immer – verstärken Sie es in just diesem Moment durch ein Aufleben von Freundlichkeit, Energie und Lebensfreude in Ihrer Körperhaltung und Ihren Gesichtszügen – perfekt! Später können Sie dann noch einmal auf die Aussage von Herrn/Frau XY zurückkommen und reflektierend diesen Punkt verstärken. Falls Sie jetzt noch die Genialität besitzen, hierzu einen spontanen Witz zu erfinden und die Runde zum Lachen zu bringen, dürften Sie das Maximum an Erfolg aus dieser Begebenheit gezogen haben. Und: Haben sich alle jetzt nicht doch ein bisschen verändert – in die „richtige" Richtung? Falls ja, muss dies bei der nächsten Sitzung als positives Vorlauffeedback sofort angeführt werden, bevor wir die neue Agenda anschauen. Es ist uns gelungen, uns zu verändern!

Hinweis für angehende Change-Agents

Change-Agents sehen den Sinn der Überschrift natürlich anders: Die meinen wirklich uns alle. Und daher gehen sie sogar manchmal so weit, dass sie persönliche Feedbackpartnerschaften eingehen. Der Nutzen besteht darin, dass man in einer Feedbackpartnerschaft auf die Eigenschaften hin, die man aus freien Stücken selbst verändern will, sich von der anderen Person seines Vertrauens Feedback geben lässt – in definierten Abständen und als beobachtetes Verhalten. Letztlich zählt nur, was man tut und erreicht, und nicht, wie man es meint. Daher ist auch jegliche Interpretation überflüssig. Im Beobachten sind wir wenig geschult, im Interpretieren dagegen alle Weltmeister. Letztere Fähigkeit vermiest uns manchmal die Lust am Feedback, weil Interpretationen Schaden anrichten können. Zum Feedback gehört Mut. Meiner Meinung nach ist Feedback eine der besten Möglichkeiten, die Eigenschaft Mut zu trainieren. Mut, den wir für das Management von Veränderungen benötigen.

14.

Stehen Sie mit möglichst allen in Beziehung

Ist das nicht etwas anstrengend? Freilich, aber denken Sie einmal nach, wofür werden Sie denn bezahlt? Eine Führungskraft muss die Beziehungsebene pflegen. Das hat man Ihnen in den ersten Führungsseminaren beigebracht und nun machen Sie doch einmal in den Zeiten des Veränderungswahns Ernst damit. Zum Beispiel, indem Sie nicht nur positive, sondern auch negative Beziehungen herstellen.

Nichts ist geeigneter zum Führen als eine negative Abhängigkeit. Abhängigkeit heißt natürlich, dass die von Ihnen zu führende Person Angst vor Ihnen hat, Sie bei jeder Kleinigkeit um Erlaubnis fragt und bei Präsentationen erwartungsgemäß den Buhmann oder die Buhfrau spielt und versagt. Beziehung haben bedeutet hier psychische Gebundenheit und Abhängigkeiten, Verpflichtung zu höfischer Freundlichkeit ect. Eine positive Beziehung wird allzu leicht als oberflächlich gebrandmarkt. Mit Euphorie kommen wir nicht weiter. Daher empfehle ich Ihnen die negative Beziehung. Es gibt einen zynischen Spruch: „Die Opfer kehren immer wieder zu ihren Schlächtern zurück." Wer gelernt hat, menschliche Beziehungen zu beobachten, weiß, dass dieser Spruch eine tiefere Erkenntnis birgt: Menschen wollen grundsätzlich in Beziehung stehen, egal wie!

Ihnen sei deshalb geraten, negative Beziehungen zu pflegen, da eine positive Beziehung erstens wie schon erwähnt den Hautgout der Oberflächlichkeit nie überwindet und zweitens möglicherweise noch Selbstbewusstsein bei

Ihrem Gegenüber aufbaut. Selbstbewusstsein, welches sich in Richtung Veränderung Bahn zu brechen versucht! Gehen Sie also auf Nummer sicher, und halten Sie Change-Agents im Käfig der Demut.

Wie stellt man eine negative Beziehung her? In Jugendbanden lässt sich dieser Mechanismus beobachten: Zuerst „eine vor den Latz knallen" und dann wieder auffangen. Zuerst also eine deutlich negative Komponente in die Beziehung einbauen – persönliche Kritik, Fehlinterpretationen, Ärger oder Betroffenheit auslösen –, und im weiteren Verlauf die Gelegenheit zur Rehabilitation durch Ihre Person bieten. Peinlicherweise ist das emotionale Erinnerungssystem in uns Menschen trotz Buchdruckkunst immer noch so vordergründig und primitiv, dass es sich den ursprünglichen Auslöser, nämlich die negative Komponente, merkt und wieder aktiv aufsucht! Warum? Weil in der weiteren Konsequenz genau der ersehnte Honig zu haben war, die Beziehung zu einem Menschen nämlich, an den man offensichtlich nicht anders herankommt.

Stellen Sie sich einmal vor, dass das Grundprinzip der negativ abhängigen Beziehungen in einer Organisation wie einem Unternehmen multipliziert und vernetzt angewandt wird. Alle tun sich gegenseitig immer zuerst ein wenig weh, um zu merken, dass sie zusammengehören. Und später trösten sie sich. Mich kann man auch ärgern: z.B. mit der Ansicht, dass das bei Menschen eben normal und naturgewollt sei. Diese Ansicht wird nicht besser, wenn man sie mit reichhaltigem Beobachtungsmaterial wissenschaftlicher Provenienz hinterlegt, um die vorgefasste Meinung zu zementieren.

Hinweis für angehende Change-Agents

Es gibt Gegenbeispiele. Man muss nicht zu den einfach strukturierten und leicht dümmlichen Positivisten gehören, die alles Heil nur in rosa Farben suchen, um eindeutig zu erkennen, dass positive Grundannahmen und positive Beziehungstrigger wirtschaftlich und medizinisch erfolgreicher sind (medizinisch im präventiven Sinne). Es ist nicht einfach, mit positiven Beispielen hier voranzugehen, weil die Gewohnheit, wie „der Honig" zu erzielen ist, sehr nachhaltig wirkt. Sicher ist sicher.

An diesem Punkt der Beziehungen sind wir an einer entscheidenden Größe für den unternehmerischen Erfolg angelangt. Die negativ orientierte Beziehung ist statisch und starr. Wir haben nur dann eine Chance zum Durchbruch, wenn wir neues Verhalten auch neu belohnen. Mit entsprechenden Verhaltensweisen untereinander, aber auch mit entsprechenden Entlohnungs- und Fördersystemen. Das muss uns die Zukunft wert sein. Der Lohn könnte sich auch langfristig gesundheitlich und nicht nur ökonomisch sofort auszahlen. Versuchen Sie es einfach mal. Positive Botschaften an unsere Mitmenschen und Kollegen haben keinerlei schädliche Nebenwirkungen …

Fordern Sie Aktionen

Für die bevorstehenden großen Veränderungen sind Aktionen wichtig. Aktionen, die primär einmal zeigen sollen, wo Sie geistig stehen, nicht unbedingt Aktionen, die wirklich etwas verändern oder bewirken sollen. Die Betonung lag auf *stehen*. Die 68er haben uns vorgemacht, wie das geht. Nach dem Motto „Schafft viele Kulturwandelaktionen" gelingt es, den Eindruck einer konsistenten und zielgerichteten Bewegung zu schaffen. Der Eindruck zählt und ist erfolgreich, wenn der Vorstand dabei lächelt. Veränderungsverhindernd sind insbesondere unzusammenhängende Aktionen ohne Struktur, ohne Konzept, ohne Masterplan.

Achten Sie bitte darauf, dass Sie keinen roten Faden zwischen den Aktionen spannen, also nie ein Konzept abgeben. Warnen Sie andere davor, selbst Konzepte abzugeben. Konzepte haben keinen Unterhaltungswert, Konzepte geben Programme ab und kommunizieren verbindliche Ziele. Lassen Sie die Finger davon!

Erziehen Sie Ihre Mitmenschen und Ihr Umfeld zu purem Aktionismus und die Energie der Veränderer ist kanalisiert im Fahnenschwingen, Plakettenausteilen, Stickeraufkleben, Faltblättchenverfassen, Farbplakatedrucken, Luftballonfesteorganisieren usw. Wenn Sie aus dem oberen Stockwerk Ihres Bürofensters auf den Hof hinabblicken und gelassen sehen, wie die hausinternen Veränderer ihre Energie in Aktionen der oben genannten Art stecken, können Sie sich ruhig zurücklehnen und zusehen, wie die Veränderungsenergie in völlig harmlosen und unwirksamen Bahnen verpufft. Gratulation!

Manchmal hat man den Eindruck, als ob das Volk ein Zeichen wolle. Das ist wie in der Antike, als Sonnenfinsternisse politische Geschicke bestimmt haben. Heute planen wir so etwas fein säuberlich. Auch das ist Teil der modernen innerbetrieblichen Kommunikation. Passen Sie bitte bei der Planung der Aktionen auf, dass die Veränderer nicht so genannte „Owner" und „Paten" einführen. Das sind so eine Art amerikanisierte Zwitter zwischen Führungskraft und Mitarbeiter, die sich bemühen, die Aktionen in Stoßrichtung und Vehemenz am Laufen zu halten. Damit kommen die Veränderer zwar nicht bis zum Ziel ihrer Wünsche, aber die Hinterlassenschaften solcher Maßnahmen können doch beträchtlich sein.

Ihre einzige Chance als wahrer Veränderungsgegner besteht darin, sofort selbst Owner oder Pate zu werden. Am besten, Sie werden Owner bei einer und Pate bei zwei anderen Aktionen. Um dies hinreichend sicherzustellen, sollten Sie wie im Kindergarten alle Hemmungen ablegen, wenn es im Workshop darum geht, sich freiwillig zu melden. Sprinten Sie förmlich ans Flipchart, springen Sie aus dem Sessel, sichern Sie sich die strategisch wichtigsten Themen im Interesse der Steuerung. Jeder hat jetzt Gelegenheit zu bemerken, wie viel nach vorne drängende Veränderungsenergie in Ihnen steckt ...

Hinweis für angehende Change-Agents

Aktionen sind punktuelle Aufreißer und äußerst wichtig, um erleben zu können, dass Veränderungen sichtbar und spürbar sind. Die Suche nach Neuland braucht Emotion. Bloß ist die Freude der Bewahrer groß, wenn nach den Aktionen nichts mehr kommt. Das war's dann. Vielleicht gibt es dann noch eine zweite, noch größer angekündigte Welle mit partiellem Wiederholungscharakter, und dann? Dann sind die Hosen unten, oder es liegt ein ganzheitliches Transformationskonzept des Unternehmens vor, mit dem Ziel der Ausrichtung auf neue Spielregeln im Markt, mit dem Anspruch,

Innovationen zu fördern, mit dem Anspruch schneller und kundenorientierter zu werden. Change-Agents mit Anspruch müssen hier reagieren und etwas vorweisen, sonst versackt der Prozess für die nächsten Jahre gründlich. Vertrauen und Hoffnungen der Mitarbeiter und veränderungsfreudigen Führungskräfte warten *jetzt* auf eine Aktion, ein Zeichen – und die Orientierung stimmt wieder.

16.

Umgeben Sie sich mit modernen Kommunikationsmitteln

Umgeben Sie sich mit modernen Kommunikationsmitteln und statten Sie sich mit dem modernsten PC aus (inklusive der jeweils angesagten Ausrüstung wie integriertem Modem, neuester Software und anderen Dingen), ohne sich damit natürlich auszukennen und selbstverständlich, ohne natürlich diese Dinge auch nur im entferntesten vernünftig zu nutzen.

Es hat Vorteile! Der erste ist, dass Sie anhand des technischen „Outfits" sofort als veränderungsfreundlich erkannt werden. Man traut Ihnen den nonchalanten Umgang mit E-Mail, Internet und diversen Softwareprogrammen zu, ohne dass Sie dafür jemals den Beweis erbringen müssten.

Damit beglücken Sie die eine Art von Besuchern, die von einer progressiven Führungskraft die Beherrschung der Kommunikationstechnologie erwartet. Von Ihnen geht eine unmissverständliche Aura der Prozesskompetenz aus. Um dieses Image zu pflegen, sollten Sie wenig zu Ihrem neuen Ambiente sagen. Nur wenn Sie gefragt werden, könnten Sie vielleicht bemerken, wie hilfreich diese Einrichtungen sind und dass ohne dieselben globale Prozesse schon gar nicht mehr steuerbar wären. Sie nehmen zwar an keinen globalen Prozessen teil, aber die Behauptung an sich ist schließlich nicht unwahr!

Einer zweiten Art von Besuchern vermitteln Sie diesmal wortreicher, dass Sie in der PC-Welt zwar alles besitzen, aber eigentlich überhaupt nichts nutzen (tiefer, verständnisvoller und beruhigender Blick in die Augen Ihres Gesprächspartners), weil es darauf gar nicht ankäme, unter denen, die heutzutage noch den Menschen groß schrieben (auf das Erleichterungssignal des Partners achten und, wenn es kommt, rasch folgenden Satz hinterherschicken „Da sind wir beide uns wohl ähnlich" etc.). Die direkte Kommunikation, die Beziehung von Mensch zu Mensch, das sei doch das Entscheidende, was in unserer hektischen Arbeitswelt benötigt würde. Sie legen sich damit eine Aura von Menschenfreundlichkeit und Kulturbezogenheit zu, die Sie unmissverständlich zum sozial kompetenten Manager befördert, der weiß, worauf es wirklich ankommt. Jeder Personalverantwortliche, der bei Ihnen vorbeikommt, um zu sehen, wie es denn mit Ihrer sozialen Kompetenz aussieht, streicht Sie beruhigt und vor allem beeindruckt von der Liste der dringend zu schulenden Mitarbeiter.

Sie erwecken in beiden Fällen den Eindruck, deutlich über den Dingen und dem Tagesgeschäft zu stehen, Sie stilisieren sich zu einer Persönlichkeit, die imstande ist, Orientierungsmarken bis weit in die Zukunft zu setzen.

Aber Achtung! Es ist auch nicht gut, Ihre teuren technischen Spielzeuge nur herumstehen zu lassen. Nutzen Sie Internet und E-Mail zumindest volumenmäßig. Es könnte nämlich irgendeiner mal den Nutzungsgrad Ihrer Anlage kontrollieren. Dieser Rat heißt aber auch: Hüten Sie sich, mittels elektronischer Medien Gedanken von Bedeutung auszutauschen. Dadurch könnten unter Umständen Entscheidungen getroffen und Arbeitsprozesse schneller werden, ohne dass jemand noch einmal persönlich mit Ihnen Rücksprache hält und Bekanntschaft mit Ihrem tiefen Blick macht …

Ihren veränderungsfreundlichen Kollegen, die ja so sehr für Internetforen und E-Mail schwärmen, werden Sie durch Ihre Büroeinrichtung auf Ihre Weise bohrend und ohne Worte die Botschaft vermitteln, dass Sie mit zu den Hoffnungsträgern der Zukunft gehören – im olympischen Sinn: Dabei sein ist alles.

Hinweis für angehende Change-Agents

Sie können die Sache natürlich auch anders betrachten: Wenn Ihnen die üblichen Fernsehkrimis abgenudelt erscheinen, bieten die neuen Kommunikationsmöglichkeiten Spannung ohne Ende! Verfolgen Sie einmal die Informations- und Entscheidungswege und lernen Sie am Medium, wie Delegation von Verantwortung auch Spaß machen kann und mit einer neuen Arbeitsform hinterlegt wird. Sinnvoll eingesetzt, erweisen sich die elektronischen Kommunikationsmittel als Zeit- und Möglichkeitsressourcen. Das einzig Zeitfressende könnte allerdings Ihr neu erwachter Ehrgeiz werden, viele Möglichkeiten wahrzunehmen und auszutesten – zum Wohle einer Vollbeschäftigung in Ihrem Geschäftsgebiet ...

17.

Betonen Sie die Notwendigkeit umfassender Trainings

Ein derartig ehrgeiziges Veränderungsprogramm, wie es Ihre Change-Agents immer wieder auflegen, benötigt, und da sollte man Ihren Rat ernst nehmen, umfassende Trainings – womit Sie auch *umfassend* meinen! Die betroffenen Führungskräfte kennen den Begriff „umfassend" fast im wörtlichen Sinne aus ihrer Welt des Fühlens, denn Trainings sind schließlich eines der wenigen noch wirksamen und geeigneten Mittel, Führungskräfte zu führen. Sie meinen damit sowohl die qualitative als auch quantitative Komponente: das Trainingsvolumen. Werden Sie nicht müde zu betonen, dass es so etwas wie ihr Veränderungsprojekt in der ganzen Firma ja noch nie gegeben hätte und dass dieses Ausmaß den bisher bekannten Rahmen mühelos sprenge.

Diese Argumente sind wahr, unwiderlegbar und sie machen Angst – insbesondere die Metapher vom „Sprengen". Durch Ihre Argumente entsteht eine innere Logik, der man sich nicht entziehen kann.

Erstens sind Sie ja ganz sicher, dass Sie mit dieser Notwendigkeit Recht haben, und zweitens wird irgendwann der Punkt kommen, wo man innerhalb der Organisation vor dem Ausmaß dieses umfassenden Ansatzes zurückschreckt, sowohl aus Kostengründen als auch aus grundsätzlichen Überlegungen, und damit wird aus den hochtrabenden Veränderungsplänen leider auch diesmal wieder nichts.

Die interessantere Frage, ob umfassende Trainings überhaupt notwendig gewesen wären, ist zu diesem späteren

Zeitpunkt schon gar nicht mehr legitim, denn das Thema ist ja bereits längst vom Tisch. Sollte diese Frage wider Erwarten dennoch gestellt werden, verweisen Sie auf eine Million Jahre Menschwerdungsgeschichte und den vermessenen Gedanken, die „Unwissenden" würden sich der Zukunft stellen können ohne massiven Trainingsdruck von oben. Die Theorie, dass es zum Teil an Ihnen liegen könnte, weil Sie nicht genügend Freiräume einräumen für das Selbstlernen am Prozess, gehört ja wohl ins Reich der Fabeln! Also achten Sie frühzeitig auf die Verbreitung des Glaubenssatzes, dass ohne umfassendes Training überhaupt keine Veränderung stattfinden kann, und planen Sie munter drauflos, bis Verunsicherung höheren Orts zum Einlenken zwingt. Dann steht das Change-Konzept wieder mal in den Sternen.

Lassen Sie sich aber die Trainings nicht aus der Hand nehmen. Wehe dem, der hier marktwirtschaftliche Gesetze einführen will und es dem Kunden (dem, der lernen will) überlässt, was er braucht! So ein schneller Gedanke aus dem Reich des wirtschafts-psychologischen Modernismus macht sich, einmal eingeworfen, rasch selbstständig und der Unterschied zwischen der Schicht, die steuert, und der, die gesteuert wird, verschwindet auf fatale Art und Weise. Das öffnet dem Unsinn Tür und Tor, Zielvereinbarungen mit dem Kunden zu machen. Seit wann wissen die Kunden denn, was sie brauchen!

Sie sollten sich auch nicht der sublimen Denkweise anschließen, die einen feinen – in Ihren Augen sophistischen – Unterschied zwischen externen und internen Kunden macht. Der interne Kunde kann schon deshalb kein ebensolcher sein, weil der ja kein Geld bezahlt. Der Blindheit dieses Arguments weichen die meisten Change-Agents resignierend aus und halten Sie selbst für geistig erneuerungsbedürftig, aber keiner wird dazu je das Wort erheben, denn die Gefahr, dass es als Vorwurf von Intelligenzmangel verstanden wird, ist bereits zu groß. Dann gibt es Ärger und Konflikte – und schließlich sind auch viele Change-Agents auf Ausgleich bedacht.

Hinweis für angehende Change-Agents

Sollten Sie sich überlegen, den Wandel doch anzustreben, gäbe es hier einen Ausweg – und der heißt: Lernen und Trainieren über einen Prozess, über ein Lernprojekt, das mit der Effektivität der Arbeit zu tun hat.

Wie geht das? Man nehme ein Ziel, z.B. Kundenorientierung, und mache eine Auswahl von Führungskräften kompetent, wie Arbeitsprozesse auf dieses Ziel hin durchleuchtet werden sollen. Dafür gibt es ein Training – überschaubaren Ausmaßes und ohne Sprengmeister. Diese Führungskräfte versuchen ihrerseits im Arbeitsprozess, mit ihren Mitarbeitern selbstvereinbarte Ziele zu erreichen und ihren eigenen Prozess zu reorganisieren.

Was machen Sie dabei? Etwas Vornehmes: Sie coachen das ganze Projekt und werden die Früchte ernten. Eine Frucht könnte Ihre schmerzlose Transformation vom Manager zum Leader werden, vom stressgeplagten Controlletti zum neuzeitlichen Facilitator. *Merke:* Jede Möglichkeit, die man anderen schafft, bedeutet für einen selbst ebenfalls neue Möglichkeiten. Vielleicht sind sie zu Beginn nicht sichtbar, aber im Verlauf werden sie sich entdecken lassen.

18.

Bieten Sie immer Ihre Hilfe an

Dies hilft Ihnen in mehrfacher Hinsicht. Dieser Schachzug ist dazu dienlich, Ihr Image veränderungsfreundlich zu gestalten und Ihren Informationszugang in die Welt der Veränderer zu erhalten oder zu beschaffen. Denn natürlich können Sie nur helfen, wenn Sie alle Probleme, Umstände und Pläne kennen. Und es soll Veränderer geben, die ihre Erfolge darauf bauen, dass ihre Strategien nicht allzu früh sichtbar und Details ihrer Pläne nur dann bekannt werden, wenn sie sich sicher fühlen! Woher haben die das bloß gelernt?

Darüber hinaus ist es ein Zeichen von Offenheit, wenn Sie sich hilfsbereit geben. Ja man kann sogar vermuten, dass Sie bereit sind, aktives Coaching zu betreiben und auf eine flexible Position umgeschwenkt haben. Sie setzen damit einen Meilenstein für neuen Kooperationswillen und Bereitschaft zum Support. Das ist der positive Teil, den Ihre Veränderungsfreunde in Ihnen erkennen werden. Was sie meistens nicht erkennen werden, ist, dass mit diesem Hilfsangebot auch gleichzeitig deren eigene Unfähigkeit ausgedrückt werden kann, ohne Ihr Mitspielen etwas zu bewirken. Hilfe kriegt nur der, der welche braucht und ohne den anderen nicht ausreichend agieren kann, auch wenn es im Falle der Change-Agents gar nicht stimmen muss.

Möglicherweise könnten die nämlich viel besser ohne Ihre Hilfe agieren und genau deswegen sollen sie ja auch Hilfe bekommen … Das ist ja gerade der springende Punkt: die Doppelbödigkeit der Hilfe. Hilfe um ihrer selbst willen ist fair, aber Hilfe als Tugend, die zur Abhängigkeit führt oder eine solche stabilisieren soll, ist schon die höhere Kunst der Intrige.

Merke also: Seien Sie immer hilfsbereit und bieten Sie Hilfe an, auch und gerade dann, wenn es gar nicht notwendig ist. Hilfe verschafft Ihnen Zugang zu Informationen, sie erlaubt Ihnen, an Stellen einzugreifen, die Ihnen sonst niemals zugänglich gewesen wären, sie öffnet Ihnen die Herzen von Menschen, die Sie anders nie erreichen würden, sie schafft Vertrauen in Ihr Engagement und Sie haben dennoch alle Möglichkeiten, Veränderungsimpulse in ihrer energetischen Stoßrichtung an den entscheidenden Stellen umzulenken. Polarisieren Sie sie oder lassen Sie die Impulse ins Leere laufen.

Wenn Sie das erreicht haben, haben Sie der Gegenseite das Lernende Unternehmen ein Stück weit näher gebracht, bzw. man könnte fast sagen „auf den Pelz gebrannt". Denn die „lieben Kollegen" haben lernen müssen, dass es ohne Ihre „Hilfe" jetzt eigentlich gar nicht mehr weitergeht. Sie werden gebraucht – was Sie ja schon immer wussten und was andere gelegentlich neu erlernen müssen. Soziales Lernen im Unternehmen erlebt hier eine heftige Renaissance ...

Und außerdem: Wer würde nicht gerne Hilfe annehmen? Auf diese menschliche Schwäche können Sie bauen, auf diesen Reflex müssen Sie setzen. In Ihrer persönlichen Auslegung, die Sie natürlich nicht verraten, dürfen Sie sogar davon ausgehen, dass Ihr Vorgehen manch einem, der sich geistig in irgendwelchen Veränderungsphilosophien verirrt hat, tatsächlich proaktiv eine Hilfe ist, bevor er noch das Opfer von Psychotherapeuten wird. Sie tun wirklich etwas Gutes!

Hinweis für angehende Change-Agents

Es könnte jedoch sein, dass Sie Ihre soziale Kompetenz und Informationsüberlegenheit nutzen wollen, um das gemeinsame Schiff wieder auf Zukunfts- oder Erfolgskurs zu bringen. Es geht sehr einfach: Versuchen Sie sich in die Lage der anderen zu versetzen, die ein Projekt, dessen Ziele unternehmerisch vielleicht doch nicht so verwerflich sind, primär gerne mit Ihrer Hilfe durchbringen würden. Ihre Erfahrung kann wirklich viel helfen, wenn sie positiv eingesetzt wird.

Hilfe heißt in diesem Zusammenhang, anderen Vorstellungen und Informationen an die Hand zu geben, über die sie selbst nach Gutdünken entscheiden mögen. Sie bedeutet, anderen ein zweites Augen- und Ohrenpaar zu sein und gegebenenfalls auch mal eine Klippe gemeinsam zu umschiffen. Echte Hilfe steht anderen frei zur Verfügung und setzt nicht alles daran, sich auf diese Weise unentbehrlich zu machen.

Verweisen Sie auf Spezialisten

Ein so ehrgeiziges Programm wie ein komplexes Veränderungsmanagement braucht viele Spezialisten. Es ist die Kern-Kunst Ihrer Abteilung oder vielleicht auch nur die Ihrer Person (im Idealfall!), die unterschiedlichen Terminologien von Spezialisten interpretieren und eindeutschen zu können. Daher sind Sie optimalerweise der Einzige, der eine sinnvolle Beurteilung treffen kann.

Das Spezialistenspiel geht schon mit der Auswahl derselben los. Hierbei muss höchste Sorgfalt geboten sein, denn auf der einen Seite sind Spezialisten ungeheuer wichtig, auf der anderen Seite macht man sich ja auch von ihrem Spezialwissen abhängig. Deshalb sind im Vorfeld Überprüfungen und langwierige Auswahlverfahren notwendig, die schon mal auf eine gewisse Zeit hin ein Veränderungsprojekt blockieren können.

Falls Ihre Veränderungsfreunde Ihnen gegenüber ungeduldig werden sollten, lassen Sie nicht nach, die Glaubwürdigkeit Ihrer Handlungen immer wieder auf der Sachebene zu dokumentieren, um das einzig entscheidende Argument hervorzukehren: „Im Interesse der Sache ist es notwendig, dass wir die besten Fachleute zu Rate ziehen" usw. Dies gilt genau und gerade dann, wenn der „Druck der Basis" immer größer wird und der gesunde Sachverstand der Kollegen schon längst eine Entscheidung gefällt hat, wie am günstigsten vorzugehen sei. Fragen Sie doch mal die Veränderer, ob sie so ein Projekt schon einmal durchgezogen haben, und warten Sie lächelnd und ruhigen Gewissens auf die Antwort (sie wird in jedem Falle „Nein" lauten), bevor Sie die Falle unerbittlich zuschnappen lassen: „Sehen Sie, wir müssen doch nicht alle Erfahrungen selbst machen, lassen wir uns doch zeigen, wie es geht, bevor es schief geht." Die Logik, gepaart mit Sachverstand, sagt zwar jedem Menschen, dass Veränderungsprojekte und jede Art unternehmerischer Verbesserung das Risiko des Noch-Nie-Ausprobierten tragen, aber diese Erkenntnis wird in erhitzten Diskussionen selten mit Konsequenz vorgetragen.

Nein, lassen Sie sich nicht aus der Ruhe bringen, lassen Sie sich nicht in die Defensive drängen. Sie wissen, was zu tun ist: Die Sache muss Hand und Fuß haben, „sauber" sein und vor allen Dingen durch Fachleute abgesichert werden. Bevor Sie nicht alle die Dossiers und hundertseitigen Reports der Spezialisten gelesen haben, verweigern Sie eine Entscheidung. Am besten, Sie legen noch einen ordentlichen Verteiler an und lassen die Stellungnahmen und Gutachten kurz vor der Sommerpause von einer Anzahl ohnehin durch interne Positionskämpfe zerstrittenener Führungskräfte querlesen. Das verschafft Ihnen noch einmal gut zwei Monate, bis überhaupt eine Terminplanung für ein Entscheidungstreffen angedacht werden kann. Die Zeit heilt ja so viele Wunden …

Hinweis für angehende Change-Agents

Es ginge natürlich auch anders: Geben Sie den Spezialisten eine Herausforderung.

Spezialisten leben in der Erwartung, dass Unternehmer sie dafür bezahlen, dass sie reden, sprich, ihr Wissen kübelweise gegen Geld ausleeren dürfen. Die Zeiten haben sich geändert. Die Welt ist voll von konkurrierenden Wissensanbietern und im Internet lagern bereits hochkarätige Consulting-Konzepte als Download für ein paar Mark. Geben Sie den Spezialisten die Chance, an der Wirklichkeit zu lernen. Sie werden sehen, nur wenige sind darauf mental gefasst und liefern kundenorientiertes Wissen just in time – lösungsorientiert und zu den Kostenkonditionen, die konkurrenzfähig sind. Setzen Sie mehr auf den Dialog als auf den Monolog und fördern Sie Situationen gegenseitigen Lernens. Sonst verlieren die Wissensproduzenten die Orientierung, wofür ihr Wissen eigentlich benötigt wird.

Und noch eins: Lassen Sie das Wissen der Spezialisten in Ihrer eigenen Organisation weiter arbeiten – in den Köpfen Ihrer Mitarbeiter, um deren Kompetenzaufbau zu beschleunigen. Wenn Mitarbeiter selbst wissen, wie sie an das Wissen kommen, haben Sie kostengünstig und mit maximaler Schnelligkeit dafür gesorgt, dass Ihr Unternehmen ein selbstlernendes werden kann. Die besten Spezialisten sind derzeit die, die sagen können, wie Sie sich von Spezialisten unabhängig machen.

20.

Diskutieren Sie frühzeitig und kontinuierlich die Zuständigkeiten

Es kann in einer Organisation nicht jeder alles machen, daher muss frühzeitig entschieden werden, wer für welche Frage im Veränderungsmanagement zuständig ist. Außerdem ist diese Frage kontinuierlich zu stellen, da sich ja jetzt die Dinge auch kontinuierlich verändern. Die meisten Veränderer entpuppen sich als Menschen, die an ihren eigenen Unzulänglichkeiten scheitern, wenn sie diskutieren müssen, wer wofür zuständig ist.

Eine subtile Ungenauigkeit ist die Ursache: Häufig oszilliert die Entscheidung um die Frage, ob es sich um Zuständigkeit oder Verantwortlichkeit handelt. Zuständigkeit meint, wie mich der andere sieht, und Verantwortlichkeit meint, ob ich mich auch so fühle. Wollen wir doch mal sehen, ob wir das zueinander bringen ... Wer also hat den schwarzen Peter und wie können wir es von vorneherein richtig polen, so dass nicht Sie, sondern ein anderer der Dumme ist?

Zuständigkeiten festigen natürlich auch Positionen und damit erwischen Sie die meisten in ihrer Eitelkeit. Vor allen Dingen verunsichern Sie die Veränderer durch diese Diskussion, weil ihnen dann plötzlich sehr deutlich wird, dass die Zulassung einer Zuständigkeit für ein bestimmtes eingegrenztes Thema ja eine Fehleridentifikation nach der Projektausführung viel transparenter macht. Bei einem Regelgeschäft ist dies selbstverständlich und legitim, im Umfeld des Veränderungsmanagements ein hochriskantes Spiel, denn man weiß nicht, wie erfolgreich Veränderungsprojekte sein werden, insbesondere, wenn man es mit einem Gegner wie Ihnen zu tun hat, der frühzeitig und kontinuierlich die Zuständigkeiten diskutiert.

Ordnung muss sein, lassen Sie sich in diesem Punkt nicht verrückt machen, beharren Sie auf Zuständigkeiten. Sie beugen damit auch verfrühten Teambildungsmaßnahmen vor, sonst wandern auf einmal einige Energien in die Bildung von cross-funktionalen Teams ab. Dann liegen die Zuständigkeiten in einer Gruppe mit einem ausgearbeiteten Ziel und Sie haben unversehens ein prozessorientiertes Denken im Hause. Davor ist nur zu warnen, denn prozessorientiertes Denken ergreift auch irgendwann den Bereich Ihrer wohl geordneten Tätigkeit und Sie müssten sich umorientieren. Das würde jetzt bedeuten, ein Team nur zu coachen, wo Sie doch früher etwas anzuordnen hatten.

Ihre Chancen, weiter nach oben zu kommen, indem Sie den Spielraum Ihrer Zuständigkeiten nach und nach erweitern, werden damit sinken – und wer, bitte schön, hat dabei an *Ihre* Begeisterung gedacht? Anscheinend keiner! Also denken jetzt mal wenigstens *Sie* selbst daran. Eigenverantwortung ist ohnehin gefragt.

Hinweis für angehende Change-Agents

Die andere Möglichkeit besteht darin, dass eine gemeinsam getroffene Entscheidung eine gemeinsame Verantwortung nach sich zieht. Das wäre echtes Teamverhalten. Wenn Sie diesen Gedanken spüren, d. h., dass er vom Kopf in den Bauch gerutscht ist, dann ist es nicht mehr weit, bis ein von Ihnen gecoachtes Team produktive Resultate erwirtschaftet und andere im Unternehmen anstiftet, desgleichen zu tun. In Zeiten der Restrukturierung eines ganzen Wirtschafts*standorts* in Richtung auf einen *Bewegungsraum* zu wäre es nicht verkehrt, ein solches Team-Exempel zu statuieren. Es soll Berater und Trainer geben, die Ihnen exakt dazu raten und bemüht sind, für Ihr Problem professionelle Werkzeuge zu entwickeln und Ihnen zur Hand zu geben.

21.

Verhindern Sie das Chaos

Haben Sie sich schon mal gefragt, wie Chaos wirklich entsteht? Nun, mit Sicherheit nicht dadurch, dass alle ihren Arbeitsplatz durcheinander bringen, absichtlich die Aktenschränke umwerfen, eigenmächtig Organisationspläne oder Richtlinien ändern, an den Rädchen der Verteiler unabgesprochen Änderungen vornehmen oder sich ständig neue Telefonnummern geben lassen.

Merke: Chaos entsteht erst durch menschliche Kommunikation! Daher ist der erste richtige und logische Ansatz, die Kommunikation bereits im Entstehen wohltuend zu dämpfen. Wir sprechen dann von einer geordneten Kommunikation. Ein großer Teil unserer Tätigkeit im Unternehmensalltag besteht darin, Energie darauf zu verwenden, die menschliche Kommunikation in geordnete Bahnen zu lenken. Als langjährig Betriebserfahrener wissen Sie, welche Kraft dies kostet.

Nur eine geordnete, funktionale und *terminologisierte* Kommunikation kann letztlich bestehende Machtstrukturen absichern. Sie wissen zum anderen aus leidvollen Erfahrungen der Vergangenheit, wie wenig selbst ein sauberer Organisations- und Arbeitsplan im Einzelfall eingehalten wird. Das menschliche Bedürfnis, beziehungsorientiert und quervernetzt miteinander zu kommunizieren, läuft der Intention, Machtstrukturen aufrecht zu erhalten, entgegen. Wenn jetzt Unternehmensberater der Softfaktorbranche plötzlich Thesen in die Welt setzen, dass gerade das quervernetzte Kommunizieren einen Zuwachs an Kreativität und Synergien freisetzen würde, dann ist dieser These rechtzeitig und heftig zu widersprechen.

Finden Sie Beispiele, wo dieses hehre Ziel „in die Hose" gegangen ist, wo Unternehmen durch ein solches Kommunikationschaos ins betriebswirtschaftliche Elend gestürzt wurden! Sie müssen jedoch darauf achten, Ihre Beispiele sorgfältig auszuwählen, denn die Gegenbeispiele sind in der Literatur bereits zahlreich vorhanden. Häufig kommen sie jedoch aus anderen Ländern und Nationen, so dass Sie immer noch das Argument aus der Tasche ziehen können, dass es neuzeitliche Kommunikationsansätze in Ländern wie Japan und den USA kulturbedingt und ohne weiteres möglich wären, aber wir Deutsche es nun einmal gewohnt seien …

Kreativität ist schön und gut, aber man muss gerade diese in geordnete Bahnen lenken. Am besten fangen Sie sie institutionell auf und errichten ein Repräsentationsforum für Querdenker in Form eines Sounding-Boards, in dem sich ein kleiner Zirkel hinter verschlossenen Türen mit ungewöhnlichen Themen beschäftigen darf und die Informationen aus dem Kreis nur marginal ins Unternehmen tröpfeln. Zumindest können Sie dann sagen, Sie wären offen gewesen.

Über eine Erhöhung der Effektivität der Kommunikation sind Sie selbstverständlich bereit, jederzeit mit sich reden zu lassen, und da hätten Sie auch schon ein paar ganz gute Ideen, wie dies funktionieren könnte, aber bitte schön doch auf den bewährten Wegen.

Vielleicht ist Ihnen der Wert dieser Argumentation noch nicht ganz klar, deswegen hier noch eine kleine Transferhilfe: Wenn Sie wie oben beschrieben kommunizieren, setzen Sie dadurch einen Rahmen. Dieser Rahmen vermittelt unbewusst das Bild, dass menschliche Kommunikation etwas sei, was sich an vorgegebenen, von Ihnen definierten Bedingungen zu orientieren habe. Lassen Sie dahinter einfach die so genannten Sachzwänge stehen. Die Tatsache, dass Sachen nie zwingen können, sondern nur Menschen zwingen, hüten Sie als Ihr bestes Geheimnis. Sie vermeiden auch so die Diskussion, dass vernetztes Denken und Kommunizieren in irgendeiner Form zur Wertschöpfung beitragen würde. Das sollen Ihnen die anderen erst einmal vorrechnen.

Chaos mag lustig sein, aber es ist gefährlich. Manchmal geht es vielleicht auch schneller, wenn man quervernetzt kommuniziert, manchmal lassen sich auch Probleme schneller lösen, aber die Dinge werden nicht mehr nachvollziehbar! Sie wissen zwar auch schon, dass die Nachvollziehbarkeit nicht mehr das entscheidende Kriterium ist, sondern dass es der rasche Erfolg im Markt und bei den Kunden ist, der zählt. Aber wie zum Teufel soll man hier noch vernünftig planen können, wenn die Nachvollziehbarkeit nicht mehr gegeben ist?

Wenn Ihre veränderungswütigen Kollegen dann immer noch nicht mürbe sind, können Sie sie mit einem letzten Argument regelrecht zur Verzweiflung bringen: Derjenige, der quervernetzt erfolgreich handelt, soll dies im Sinne des Unternehmens Ihretwegen dann tun, solange er damit Erfolg hat, aber er soll doch vorher peinlich darauf achten, dass alles, was er tut, in geordneten Bahnen kommuniziert wird! Sie wissen sehr wohl, dass das ein Widerspruch in sich ist und überhaupt nicht funktionieren kann, aber der Vorwurf an die andere Seite, hier würde nicht offen kommuniziert, sondern einfach bloß chaotisch gehandelt, wiegt schwer. Und offen kommunizieren wollen wir doch. (Oder?!) Wie soll denn Offenheit hergestellt werden, wenn nicht in den geordneten und bekannten Bahnen der Regelkommunikation der Vergangenheit! Das fassungslose Schweigen auf der anderen Seite wird Ihnen wieder einmal Recht geben.

Hinweis für angehende Change-Agents

Eine ganz andere Frage ist freilich die, ob Sie denn alles wissen müssen, was in vielen Einzelschritten zum Erfolg führt? Ist es Ihre Aufgabe, die einzelnen Informationspakete, die zwischen Menschen in Arbeitsprozessen hin- und hergereicht werden, zu erfassen, zu bewerten und zu kontrollieren? Sie hätten ja auch die Möglichkeit, Offenheit mit Vertrauen zu verbinden und sich auf die Bewertung der Ergebnisse und nicht der Einzelschritte, die dazu geführt haben, zu konzentrieren. Ja, natürlich, auch die Komponente mit dem „schottischen Kürzel" ist zu beachten: Zum Gesamtergebnis gehören auch die hohen oder niedrigen Kosten, mit denen es erzielt wurde. Das Chaos, welches Sie andererseits mit Rationalisierungsmaßnahmen auf Schottisch anrichten, ist auf die Zukunft betrachtet ordentlich und systematisch: eine Schraube, die sich weiterdreht. Die vernetzte Kommunikation hingegen ermöglicht die unternehmerische Kompetenz auf den Ebenen, wo sie hingehört: in die Prozesse.

22.

Beklagen Sie die interne Politik, ... und betreiben Sie sie

Das ist kein Widerspruch, denn es gibt ja schlechte Politik und gute Politik. Dieser feinsinnige Unterschied sollte aufrechterhalten werden, ansonsten verspielen Sie die Möglichkeit, über politischen Einfluss Probleme zu regeln, die Change-Agents über unternehmerische Kompetenz und Leistung geregelt haben wollen. Politik zu betreiben heißt in diesem Umfeld: sich ganz gezielt mit anderen zu einigen, was im jeweilig konkreten Fall als Leistung zu verstehen ist. Leistung wird damit beliebig und zum Spielball von Verhandlungen. Es ist wichtig, auf dieser Ebene zu bleiben, denn sonst laufen Sie Gefahr, von jungen, nachdrängenden, intelligenten und zehnmal besser als Sie selbst ausgebildeten Kräften gehalts- und leistungsmäßig verdrängt zu werden.

Natürlich darf nicht transparent werden, dass es um die Verhinderung von Leistung geht (die Champignons, die aus dem Boden hervorsprießen), sondern es geht bei der Politik um die „Beurteilung der Gesamtvorgänge" und hierzu braucht man natürlich Erfahrung. Da sitzen Sie am längeren Hebel. Ihre Erfahrung ist es auch, die Ihnen sagt, welchen der nicht im Organisationsplan ausgewiesenen internen politischen Mandatsträger Sie am besten vor Ihren jeweiligen Karren spannen können. Auf dem Weg zu diesem Erfahrungsschatz sollten Sie vorsichtig sein und nicht nach dem Prinzip von Versuch und Irrtum vorgehen. Ein einziger Irrtum bereits könnte tödlich sein. Hier empfiehlt es sich, konsequent und kontinuierlich immer wieder *Rat* einzuholen durch Fragen und Zuhören. Aber Achtung! Zuhören bedeutet im richtig verstandenen Sinn die Fähigkeit, sich höher bezahlten Einsichten anschließen zu können. Fragen ist hier auch nicht etwa das Begehren, eine richtige Antwort zu erhalten, sondern, was Sie fragen müssen, ist nur, welche Person Ihnen den richtigen Rat erteilen könnte. Auf diese Art und Weise findet man schnell den richtigen Entscheidungsträger. Wenn Sie dem zuhören, haben Sie den Kreis Ihrer politischen Möglichkeiten enorm erweitert.

Das politische Werkzeug, Integrität zu verletzen, *die Intrige*, sollte nur nach vorsichtiger Abwägung angewandt werden und nur dann, wenn Sie sicher sind, dass Ihre Spur nicht zurückverfolgt werden kann. Sie benötigen mindestens einen oder noch besser zwei Filter, d.h. Zwischenstationen, auf dem Weg einer Nachricht zum Tatort der Integritätsverletzung. Die erste Person, der erste Filter, sollte ein absoluter Vertrauter sein, der das Gerücht, die falsche Nachricht an eine zweite Person bringt und als Ursprung des Gerüchts eine völlig falsche Fährte legt. Die Fährte muss jedoch so interessant sein, dass der zweite Filter politischen Wert genug darin erkennt, die Nachricht weiterzuleiten – und schon haben Sie den schönsten Knatsch erzeugt. Keiner weiß, woher das Gerücht kommt – bis auf denjenigen, den es wirklich betrifft, der sich aber nicht gegen Sie wehren kann. Das kostet den armen Kerl schlaflose Nächte voller Adrenalin im Blut.

Oder wie wäre es mit der Methode der Motivationsverunglimpfung: Der plötzliche Drang eines Kollegen oder einer Kollegin, die Dinge zu verändern, sollte aufhorchen lassen. Da könnte auch ein privates Problem dahinterstecken. Ein bisschen Paranoia gibt dem Sozialen Würze: Vielleicht hat der seine Midlife-Crisis oder steckt in finanziellen Nöten oder vielleicht ist ihm das letzte Führungskräftetraining nicht gut bekommen? Jeweils das eine oder andere gilt es, als Gerücht zu platzieren (Filterprinzip nicht vergessen!). Und am geschicktesten machen Sie es nonverbal. Wie man nonverbale Botschaften übt, können Sie weiter unten lesen.

Hier noch eine kleine Warnung, Sie fassen mit der Methode der Motivationsverunglimpfung nicht nur ins Leere, sondern in die Falle, wenn der plötzliche Veränderungswille eines Ihrer Kollegen oder Vorgesetzten auf einer gezielten Karriereplanung eines ihm wohlgesinnten Vorstandes beruht. Halten Sie daher gute Kontakte zum obersten Personalchef, was ohnehin eine immer gültige Empfehlung und Regel ist, um rechtzeitig Hinweise zu erlangen, gegen wen Sie schießen dürfen oder müssen.

Übrigens ist Politik machen gleichbedeutend mit sozialer Kompetenz – das wussten Sie noch nicht? – Nun, das Wort Politik hat seine Wurzeln im Altgriechischen. Von einem griechischen Philosophen wurde der Mensch als *Zoon Politikon* bezeichnet, was nichts anderes heißt, als dass der Mensch ein *soziales Lebewesen* sei, und genau um diese sozialen Aspekte kümmern Sie sich mittels Ihrer Politik. Ihre Gegner im Veränderungslager haben ja so Recht: diese formalen, nüchternen Besprechungen, in denen die Bauchebene fehlt! Bei der Politik ist der Bauch immer dabei, um nicht zu sagen: *nur*. Wie Sie auch schon in psychologischen Seminaren gelernt haben, ist es sehr wichtig, die Sachebene und die Beziehungsebene gemeinsam zu adressieren, aber bitte nicht in integrierter Form! Gehen Sie getrennt vor, lassen Sie die Sachebene Sachebene sein und machen Sie Beziehungspolitik mit dem Bauch, in dem Ihnen zugänglich gewordenen sozialen Netzwerk der Hierarchie. Wenn sich der Bauch wohl fühlt, lacht der Mensch – auch mal auf Kosten anderer.

Hinweis für angehende Change-Agents

Der Zweck heiligt die Mittel? Nicht immer und nicht überall. Dennoch ist Politik so gut wie ihr Ziel. Was ist Ihr Ziel? Veränderungen auf die Startbahn zu bringen, den Piloten die richtigen, genaueren Landkarten an die Hand zu geben, mit den Pionieren ein Katastrophentraining zu machen und alle Beteiligten darin zu üben, eine Punktlandung in der Zukunft hinzulegen? Das wäre schön. Dafür braucht man eben auch die Politik: Um den Gestaltern des Unternehmens den Rücken freizuhalten.

Statt mit miesen Tricks probieren Sie es doch mal mit einem positiven Gerücht. Ein uraltes Prinzip, das in diesem Jahrhundert wiederentdeckt wurde und sich „Self-fulfilling prophecy" nennt: Es sind Botschaften mit hohem Wirkungsgrad, wenn man etwas bewegen will. Und vielleicht helfen Sie Ihrem Umfeld einmal zu erkennen, dass nicht der Ursprung der Motivation zählt, sondern die Richtung, die sie gemeinsam einschlagen. Dann trennt sich leicht die Spreu vom Weizen.

Weihen Sie nur die „Richtigen" ein

Dieser Abschnitt hat mit dem vorangegangenen Kapitel über Politik zu tun. Ganz wichtig ist, dass Sie sich die Floskel oder den Begriff des oder der „Richtigen" einprägen. Egal, ob es darum geht, einen Beschluss umzusetzen, einen Verbündeten zu finden oder eine warnende Botschaft zu lancieren: Benutzen Sie diesen Begriff und lassen Sie im Einzelfall immer offen, was die Kriterien für „richtig" sind. In Besprechungen gehen Sie mit der Schlussbemerkung auseinander, dass man jetzt den „Richtigen" finden müsse.

Was der Trick dabei ist? Nun, Sie haben gesagt, dass es der oder die Richtige sein muss, und alle erwarten natürlich von Ihnen die Antwort, wer denn diese Person sei. Keiner wird doch so kindisch sein und jetzt sagen, er wisse, wer der Richtige sei, um sich von Ihnen die Frage stellen zu lassen: „Ach ja? Das ist ja interessant! Woher wollen Sie das wissen? Was sind Ihre Kriterien?" Wenn derjenige so frech sein sollte und Ihnen die Gegenfrage stellt, was denn Ihre Kriterien seien, können Sie immer noch antworten „Gute Frage, genau darum geht's ja!" und einfach zu lachen anfangen. Irgendeiner wird schon mitlachen und schon haben Sie die Situation für sich entschieden. Was Sie in einer solchen Situation jedoch nie entscheiden dürfen, ist, welche wirklich die Kriterien für den Richtigen sind. Reißen Sie die Entscheidung mit einem „Na ja, mal sehen!" an sich. Bei der nächsten Sitzung gehen Sie geschickterweise so vor, dass Sie nicht Ihren Favoriten namentlich vorschlagen, um dann eine Diskussion, möglicherweise noch eine sachorientierte Diskussion, über dessen Qualitäten etc. herbeizuführen. Sie machen es anders: Sie bringen ihn oder sie einfach in die Sitzung mit! Er steht nicht auf der Agenda, er ist nicht eingeladen, aber er ist einfach da und Sie sind so frei, diesen Vorgang auf Ihre Kappe zu nehmen.

Keiner der Runde wird jetzt sagen, dass Herr oder Frau Sowieso wieder gehen soll oder einen anderen Ausgrenzungsversuch unternehmen. Jeder weiß, dass ein solcher Versuch von Ihnen sofort bestraft wird mit dem Hinweis, man möge doch kooperieren und sich die Sache erst einmal anhören, es wäre ja wohl nicht gut, jetzt persönlich zu werden usw. Diese Lektion holen sich die anderen bei Ihnen nur ein einziges Mal ab und wenn sie intelligent sind, vermeiden sie dieses Ereignis künftig von vornherein.

Schwuppdiwupp ist so der persönliche Favorit aus Ihrem politischen Beziehungsgeflecht Bestandteil des Veränderungsprozesses, auch wenn jeder weiß, dass es seine dezidierte Aufgabe ist, die sanfte Kunst der Geschwindigkeitsverlangsamung auszuüben. Hinterher, wenn das Projekt zum Stillstand gekommen ist, war es überall die richtige Person, ohne die die Dinge nie in die „richtigen" Bahnen gekommen wären. Diese Botschaft gilt es dann eifrig in allen anderen Meetings, selbstverständlich ungefragt und unaufgefordert, zu kommunizieren. So wird aus Kleinfritzchen, der schon damals in unserer Pfadfinderbewegung der Stiefelputzer war, über Nacht der mit amerikanischen Wassern gewaschene Retter: eben der „Richtige".

Und jetzt begreifen Sie auch die Doppeldeutigkeit des Wortes *einweihen*. Menschen lieben Rituale, und wie man sie seriös und im Wirtschaftsleben professionell abwickelt, lässt sich immer wieder im Bereich der Kirche und anderer Glaubensgemeinschaften studieren. Zur Ehrenrettung der katholischen Kirche, die hier nicht kritisiert wird, sei gesagt, dass dort wenigstens Anspruch und Wirklichkeit übereinstimmen und die Weihe in Fragen des Glaubens das einzig geeignete Mittel zur Wahrheitsfindung ist, wer der Richtige sei. Auf die Welt des Managements übertragen, bedeutet dies im Klartext: Je größer die konzeptionelle Inkompetenz und Inhaltslosigkeit, desto stärker die Notwendigkeit, die Richtigen *einzuweihen*.

Hinweis für angehende Change-Agents

Aber auch hier gibt es Trost. Die „Richtigen" sind heute fast überall die Lernfähigen im Sinne eines ziel- und ergebnisorientierten Handelns. Jeder hat da eine Chance, im Prozess zu lernen und sich weiterzuentwickeln. Da es um neue Paradigmen geht, nutzt bekanntlich die Erfahrung der Vergangenheit gar nichts. Der gute Freund von damals darf ruhig derselbe bleiben, wenn er unternehmerisch an die Sache herangeht und prozessorientiert seine Beiträge (die auch gar nicht *Input* heißen müssen, um gut zu sein) einbringt. Die „Richtigen" wissen wir zunehmend weniger im Vorhinein, sondern eher im Nachhinein. Und: Sie müssen jedesmal aufs Neue gefunden werden, denn Veränderung scheint die Konstante der Zukunft zu werden.

Setzen Sie sich an die Spitze der Veränderungsbewegung

Tun Sie es mit Begeisterung, tun Sie es mit Engagement und tun Sie es mit Ihrem ganzen Gewicht. Ihr Gewicht an der Spitze, schon diese Metapher macht es deutlich, verhindert allzu rasche Erfolge der Veränderungsmanager. Schwierig ist es bloß, wie Sie sich dann als Protagonist profilieren und positionieren sollen. Hierzu ein paar Tipps.

Es ist manchmal das Wörtchen *endlich*, das Sie im richtigen Zusammenhang und häufiger eingestreut als glaubwürdigen Veränderungsmanager erscheinen lässt, aber achten Sie darauf, nicht spezifisch auszuführen, was dies *endlich* im Bezug auf Ihre Person genau bedeutet. Die Assoziationen Ihrer Gesprächspartner sollten etwa folgende sein: „Aha, der hat jahrelang in der richtigen Position mit der gleichen Absicht wie wir auf den richtigen Moment gewartet und nun ist es so weit!" oder „Wir haben durch unseren Veränderungswillen in ihm anscheinend seinen Idealismus und seine Jugendträume losgekitzelt, die jahrelang in ihm verschüttet und verdeckt waren. Das ist doch unser Mann an der Spitze" oder „Was ist denn mit dem plötzlich passiert, er kann es ja anscheinend kaum noch erwarten, uns zu helfen."

Ein anderer Weg, an die Spitze der Aktivitäten zu kommen, besteht darin, ein bisschen beleidigt zu tun, so dass die anderen, wenn sie nur ein bisschen nachdenken, von alleine draufkommen, dass Sie ja eigentlich aufgrund Ihrer Machtstellung und nachdem Sie auch mit allen in Beziehung stehen der richtige Adressat für einen Posten an der Spitze seien. Vielleicht muss man nur ein bisschen nachhelfen und man kann Sie mit Ihrer ganzen Energie für sich gewinnen, so die Spekulationen.

Das alles irritiert Sie natürlich nicht, denn Sie wissen, was Sie wollen: Ihr Platz ist an der Spitze der Veränderungsbewegung. Erstens, um hinterher sagen zu können „Das war meine Erfindung" und Sie als Veränderungsmanager Nummer Eins darzustellen, und zweitens, um die Heftigkeit der Aktivitäten in richtige Bahnen zu lenken und Ihre politischen Freunde dabei zu bedienen. Wenn Sie an der Spitze sind, heißt es, dass an Ihrer Konzeptlosigkeit keiner mehr vorbeikommt.

Die Veränderer haben in der Regel zu viele Konzepte. Ihr unschätzbarer Mehrwert besteht darin, über das Sortieren und Einordnen der Konzepte wiederum die im vorangegangenen Kapitel genannten „Richtigen" zu selektieren und sie Ihrem internen Beziehungsgeflecht zuzuführen.

Man soll bloß nicht so tun, als hätte sich in der Vergangenheit nie etwas bewegt, ganz im Gegenteil, es ist nur äußerst wichtig, die *richtige Ebene* (gemeint ist nicht die geistige, sondern die hierarchische) der Bewegung zu finden. Allerdings muss man zuerst reif sein und dies können Sie nur, wenn Sie an der Spitze stehen. Dort ist es auch Ihre Aufgabe, gegenüber allerhöchsten Entscheidern einen wichtigen Filter zu bilden, denn die mögen es ganz und gar nicht, wenn sie mit Einzelheiten des Veränderungsmanagements täglich konfrontiert werden. Dafür werden sie schließlich nicht bezahlt. Sie werden als Vorfilter benötigt. Wenn Sie da nämlich erst einmal sitzen, bringt Sie keiner mehr so schnell weg. Einen Eklat an dieser Stelle kann man sich überhaupt nicht leisten, denn die Visibilität für eine Fehlentscheidung in einer so wichtigen Frage wie des Change-Managements brächte mitten im Prozess alles durcheinander.

Hinweis für angehende Change-Agents

Überlegen Sie bitte eine Sekunde lang: Was hat Menschen an der Spitze irgendeiner Sache beliebt gemacht? Nicht das Aussitzen oder das Kontrollieren, sondern eher das Fördern und Nach-vorne-Bringen der vielen Talente derer, die auf die Frau oder den Mann an der Spitze blicken. Es wäre wie zwei Fliegen mit einer Klappe zu schlagen: den unternehmerischen Veränderungsprozess zum Erfolg zu führen und sich selbst beliebt zu machen. Es sind die Angst über den Kontrollverlust und das mangelnde Zutrauen in die Fähigkeiten, die immer wieder falsche Ratschläge in Richtung Aussitzen und Kontrollieren geben.

Stellen Sie alles in einen großen historischen Rahmen

Den Menschen wird bei einer historischen Betrachtungsweise schnell bewusst, dass Veränderungen, erstens, ganz langsam gehen, dass zweitens, Menschen aus der Geschichte offensichtlich nur schwer lernen, und dass drittens, Transformationen dieses Ausmaßes im erheblichen Ausmaß den Faktor Politik mit einbinden müssen. Vor diesem Hintergrund betrachtet wird jede Art von Konzept schnell zu einem Papiertiger. Je größer der historische Rahmen, um so sicherer seine Wirksamkeit hinsichtlich der oben genannten drei geschichtlichen Grundlektionen.

Fangen Sie an mit der Urzeit, gehen Sie über die Pyramiden bis hin zu Cäsar, spannen Sie den Bogen vielleicht zu Kolumbus und davon unmittelbar in die Neuzeit, so ungefähr nach dem Motto: „Dies alles ist geschehen in Jahrtausenden und jetzt kommen Sie daher und versuchen genau das Gleiche, was die anderen auch schon nicht geschafft haben."

Oder: Wechseln Sie in völlig unzulässiger Art und Weise die Vergleichsebene und lösen damit höchstpersönliche Betroffenheit und Demotivation bei Ihren Kontrahenten aus, etwa nach dem Beispiel: „Cäsar hat ein großes Reich aufgebaut, die Menschen begeistert und er starb von der Hand eines Meuchelmörders." Der Zusammenhang mit dem jetzt aktuell diskutierten Ereignis ist natürlich äußerst evident und die versteckte historische Drohung wird auch an den Change-Agents nicht spurlos vorübergehen – wie Sie überhaupt durch ein geschickt platziertes Statement völlig unzusammenhängende Ereignisse für unser Unterbewusstsein höchstglaubhaft zu einer Kausalkette verschmelzen können.

Zum Beispiel: „Im Mittelalter hat uns noch unser Glaube ernährt, im letzten Jahrhundert waren es wenigstens noch Maschinen und jetzt soll es ein Stück Papier sein! Glauben wir das halt auch noch." Solche Sätze bewegen sich natürlich am Rande des guten Geschmacks. Sie sind antikreativ in höchstem Ausmaß und blind zerstörerisch, was die Motivation der Hersteller von Konzepten anbetrifft. Aber in der Kunst des Ausbremsens von Unternehmungen sind Sie der Meister aller rhetorischen Waffengattungen.

Lediglich ein Change-Agent, der durch Ihre harte Schule gegangen ist, wäre imstande, Sie zu entlarven. Aber solchen gibt es nicht in Ihrem Umfeld, denn der wird entweder ganz schnell Ihr Lieblingsschüler oder er übersteht die Schule nicht. Falls irgendjemand anfängt, die Methode des großen historischen Rahmens zu durchschauen, und Sie danach fragt, warum Sie diese Beispiele bemühen, dann sollten Sie Ihren Ansatz verteidigen, mit der Version etwa „Ich möchte bloß wissen, vor welchem Hintergrund wir stehen" oder „Ich möchte nicht, dass wir uns in Kleinkram und Details verlieren" oder „Wissen Sie, gemessen an dem, was so alles in der Menschheit passiert ist, erscheint mir Ihr Konzept ein wenig Pepita". Und wenn derjenige dann immer noch fragt, was das jetzt mit der Diskussion zu tun habe, heißt die Antwort lapidar: „Schade, dass Sie das nicht verstehen."

Oder Sie versuchen es auf die scherzhafte Tour und arbeiten mit der so genannten „Zurück-auf-Null-Regel" eines neuen Paradigmas. Etwa folgendermaßen: „Und ich dachte, die menschliche Evolution hätte sich aus den Sümpfen der Urzeit zu ausreichend geistigen Höhen und Erfolgen durchgerungen, und jetzt heißt dieses Konzept doch nichts anderes, als dass wir wieder von vorne anfangen müssen, um die Dinge ganz neu zu machen, das ist für mich kein Fortschritt!" Falls alle Versuche fehlschlagen, Ihr Gegner die

Mehrheit der Besprechungsrunde hinter sich vereinigen kann und es zu einem positiven Beschluss kommt, dürfen Sie nicht vergessen, mit einem letzten historischen Unkenruf Unsicherheit und Zweifel zu streuen, etwa: „Ja, ja, Napoleon hat auch mal viel gewollt und ist in der Welt herumgekommen, aber was hat's ihm genutzt?"

Hinweis für angehende Change-Agents

Es gäbe allerdings auch eine andere historische Betrachtungsweise: die zukunftsorientierte. Was ich damit meine? Nun, diese haben uns die Taoisten aus dem alten China gezeigt, indem sie das, was man aus der Geschichte lernen kann, in die Zukunft projizierten, z.B. mit der erfrischenden Erkenntnis: „Wenn du Berge versetzen willst, fange heute damit an."

„Eine Reise über 1 000 Meilen beginnt mit dem ersten Schritt," sagte Kennedy 1962 zu Cruschtschow bei dem ersten Versuch zu Abrüstungsverhandlungen in Wien. Geschichte interpretieren kann jeder. Gehören Sie zu denen, die Geschichte machen wollen?

Bremsen Sie schädlichen Übereifer

Oh Himmel, wie entsetzlich sind doch diese Zeitgenossen, die nicht nur ein Konzept, sondern auch noch dessen Unterstrukturen und Einzelmaßnahmen im Detail ausgearbeitet haben! Normalerweise hat sich ein anständiger Manager entweder auf der höheren Abstraktionsebene oder in den Niederungen der konkreten operativen Welt zu bewegen. Diesen Eier legenden Wollmilchmanagern, die vorgeben, beides zu können, die also von der Abstraktions- in die Konkretisierungsebene spielend hin und her wechseln, ist nicht zu trauen. Sie waren garantiert auf irgendeinem Kommunikationsseminar oder geben einfach nur an. Der „richtige" Manager, so jedenfalls lautet Ihr Kriterium, äußert sich vor allem in Selbstzweifeln. Warum? Erstens ist das ehrlich (Sie sind's ja auch), und zweitens gibt es Ihnen Gelegenheit, hier einzugreifen.

Sie müssen ja nicht unbedingt gleich ein kreatives Teammitglied spielen und an der Stelle, wo andere Selbstzweifel haben, versuchen, konstruktiv aufzusetzen, um auch für die Schwachpunkte noch eine bessere Lösung zu finden. Dazu sind die Schwachpunkte wirklich nicht da! Für Sie heißt es, geringe Schwächen zu erkennen und sofort an dieser Stelle die Bremse reinzuhauen, um dem Übereifer des Protagonisten von Neuerungen in Ihrer Bremstrommel einen Hitzestau zu verpassen, so dass er Sie auf Knien bitten muss, zumindest bei der Bergfahrt den Rückwärtsgang zeitweise herauszutun.

Echten Übereifer in seiner klassischen Ausprägung findet man unter intelligenten Menschen ja zunehmend weniger. Jeder weiß, wie schädlich Übereifer ist und wie sehr man sich vor ihm hüten muss. Um so interessanter und wirksamer ist es, *vermeintlichen* Übereifer anzuprangern. Setzen Sie einfach voraus, dass Ihr Gegenüber in einer Kurzschlussreaktion zwei volle Nächte mit Cola-Dosen und Chips an seinem heimischen Computer verbracht hat, um Ihnen sein manisches Hirngespenst als pragmatisches Konzept zu verkaufen. Tun Sie einfach so, als würde das Konzept diese Wirkung auf Sie haben. Das vormals so begeisterte Publikum wird danach schon ein wenig nachdenklicher sein. Unsicherheiten und etwas Betretenheit werden sich breit machen, spätestens, wenn Sie noch einlenkend bemerken: „Na ja, ist ja nicht so schlimm …" sitzt ein Demotivierter da, wo nie einer hingehört hätte. Denken ist eben nicht ganz so einfach.

Das Veränderungsthema an sich ist wichtig, aber jetzt bloß keine Kurzschlussreaktionen! Der Zeitdruck, der dahinter steht, macht blind und Sie tragen eventuell die volle Mitverantwortung dieses schädlichen Auswuchses. Das kann's ja wohl nicht sein. Also heißt es *ganz neu* zu überlegen, vielleicht den einen oder anderen Ansatz (natürlich die völlig unwesentlichen Nebengeleise) aufzugreifen und in *das richtige* Konzept mit Hand und Fuß einfließen lassen, dann erst wird ein Schuh daraus. Jetzt bieten Sie auch wieder Ihre Hilfe an und verweisen vorher kurz noch einmal auf die Gefahr höherer Mächte … Bei letzterer Bemerkung assoziieren Ihre Kontrahenten eine ganze virtuelle Killerschwadron. Das dürfte fürs Erste wieder reichen.

Hinweis für angehende Change-Agents

Es soll auch Manager geben, die es verstehen, Eifer positiv zu nutzen. Eröffnen Sie die nächste Lernchance im Prozess, und versuchen Sie, die entfachten Energien nicht auf Probleme, sondern auf Lösungen anzusetzen. Mit anderen Worten: Lassen Sie die Kolleginnen und Kollegen doch mal ran und zeigen Sie ihnen den ersten echten Handlungseinstieg. Das erlaubt es schon wieder, zwei Fliegen mit einer Klappe zu schlagen: Der Prozess startet mit einer sozialverträglichen Geschwindigkeit und die Menschen kommen kompetenter und motivierter wieder, um den nächsten Schritt mit Ihnen gemeinsam zu tun. Fortschritt heißt, dass alle sich bewegen.

27.

Machen Sie ruhig mal einen Spaß

Sie kennen das seit jeher und Sie sind nicht der Einzige, der sie beklagt: die langwierigen, ausgedehnten, total versachlichten und viel zu trockenen Gesprächsrunden. Solange Sachlichkeit diese nüchterne und emotionslose Atmosphäre erhält, können Sie das tun, was alle anderen auch tun: abschalten. Lassen Sie den Folienwüstling seine zweihundertste Folie auflegen und beschäftigen Sie sich derweil spielerisch mit der Wochenend- und Freizeitplanung.

Volle Aufmerksamkeit ist jedoch wieder gefragt, falls plötzlich aus irgendeinem unerfindlichen Grund (Sie haben es wahrscheinlich nicht genau mitgekriegt wodurch) Emotionen in der Runde hochkommen, offensichtlich Leben und Begeisterung in den Herzen der Beteiligten aufkeimen. Ihr untrüglicher Instinkt sagt Ihnen sofort, dass da etwas nicht stimmen kann, denn so etwas könnte zu weitergehenden Handlungen führen. Schauen Sie Ihren Mitmenschen ins Gesicht: Ist da etwa ein eigenartiges Schimmern in den Augen zu bemerken, während ihre Wangen eine leichte Rotfärbung annehmen? Jetzt heißt es einschreiten. Die Situation erfordert hier und jetzt den situativen Gegenscherz, der die Veränderungsfreunde lächerlich macht und das Lachen konsequent für Ihre Zwecke ausnutzt.

Brauchen Sie konkrete Beispiele? Hier dürfen Sie als Mann auch gerne deftig werden. „Na, wenn schon Sex auf zwei Hochzeiten, dann bitte richtig" oder „Ich hätte mir schon gewünscht, dass wir außer ein paar tollen Photos ein bisschen mehr kriegen, jetzt bin ich fast enttäuscht." Hinter jedem dieser Sätze sollten Sie Ihr eigenes spontanes schizophrenes Gekicher platzieren, dies steckt die meisten anderen Männer in der Runde an. Wenn Sie den richtigen Zeitpunkt erwischt haben, werfen sich die Leute, die Ihr Change-Agent überzeugen will, vor Lachen in die Ecke (mit Ausnahme der anwesenden Karrierefrauen – aber was soll's, die sind sowieso in der Minderheit).

Hinterher sieht die Welt ganz anders aus. Denn nun sind es wieder Sie, der kaum, dass er eben noch die Gruppe zum Lachen verführt hat, blitzschnell auf Ernsthaftigkeit umschaltet und mit einem zur Ruhe mahnenden Tonfall seinerseits plötzlich die Sachlichkeit einklagt. Falls einer doch noch mal sagt „Aber Sie haben doch den Witz gemacht" und alle erneut lachen, dann verteidigen Sie sich nicht dagegen, denn es war ein Kompliment. Sie sollten Ihr Gegenüber daher nicht verletzen, sondern ihm seinerseits die Fähigkeit zur Unterhaltung erfolgreich bestätigen, indem Sie sagen „Ja, ja, ein Scherz muss schon mal sein." *Kurzum:* Vertreiben Sie Ihr eigenes Theater und ergreifen Sie die Chance, die Führung zu übernehmen.

Hinweis für angehende Change-Agents

Lachen ist gesund – so sagt es mittlerweile schon die psychosomatische Medizin. Eines der Qualitätsmerkmale von Veränderungen ist, dass sie zum Lachen herausfordern. Immer dann, wenn zwei Paradigmen aufeinanderprallen, die unvereinbar erscheinen, haben wir die Situation des Witzes. Auch bei Veränderungen prallen Paradigmen aufeinander. Dann lachen ohnehin alle. Sie haben die Wahl, wann Sie Ihre Scherze anbringen: zur Festigung von Beschlüssen, zum Einleiten eines kreativen Umgangs mit der Materie oder zum Verdeutlichen von Paradigmengrenzen. Es ist immer Ihre Entscheidung.

Entscheiden Sie nur nach reiflicher Überlegung

Wann genau ist der richtige Zeitpunkt zum Nachdenken? Richtig geraten: Dann, wenn alle sich einig sind, dass endlich gehandelt werden *muss*.

Jetzt kommt die große Stunde der Intelligenz. Spielen Sie mit der Bedeutung und der Tragweite der nunmehr folgenden großen und ungewohnten unternehmerischen Entscheidung, setzen Sie alles auf eine Karte. Empfehlen Sie allen eine 48-stündige Bedenkzeit. Egal, was Sie im Verbund beschließen wollen, es muss sich erst einmal *setzen*, damit es auch wirklich und ordentlich *umgesetzt* werden kann.

Empfehlen Sie dies als eine phantasievolle Übung vor dem Hintergrund der Alltagsbelastungen, denen wir alle ausgesetzt sind, und zitieren Sie gegebenenfalls ein historisches Vorbild oder Naturvölker, die es heute noch so machen. Vor der Verkündigung einer Tat oder eines Handlungsprogramms pflegt man sich in die Einsamkeit der Berge oder der Wüsten zurückziehen, um noch einmal alles gründlichst zu überdenken. Wenn die anderen auf diesen Trick hereinfallen, haben Sie goldene 48 Stunden gewonnen, um eifrig Fax, Telefon und Ihre Informationsschleuder in der Kantine zu aktivieren. Bitte aber bloß keine Notiz ins hauseigene Computernetz geben. Vernetztes Informieren könnte Ihren einseitigen Zeitvorteil zunichte machen!

Reifliches Überlegen kennt aber auch noch eine andere Variante, nämlich die der Beschäftigung einer ansehnlichen Anzahl von Spezialisten. Wozu haben wir ein derart hoch stehendes Bildungswesen in Deutschland? Wozu gibt es überall diese Menschen, die sich vertieft mit einem ganz bestimmten Aspekt eines Teilproblems beschäftigt haben? Es gibt sie dazu, dass sie jeweils zu diesem bestimmten Teilaspekt eines Detailproblems eine tiefgründige erschöpfende und durch nichts zu überbietende Aussage machen können. Sollten Sie etwa angesichts kommender Ungewissheiten und Zukunftspläne solche Kompetenz blindlings verschmähen? Nein, auch wenn sie etwas kostet. Die gründliche Vorbereitung von Entscheidungen muss uns etwas wert sein. Natürlich dauert es eine kleine Weile, bis wir die richtigen Spezialisten gefunden haben. Außerdem dauert es auch eine kleine Weile, bis alle ihre Aussage gemacht haben, und natürlich dauert es noch etwas länger, bis wir das alles verstanden und miteinander in Zusammenhang gebracht haben, wenn es uns überhaupt jemals möglich ist. Zumindest haben wir bei der ganzen Geschichte etwas gelernt und erfolgreich Zeit geschunden.

Sie müssen darauf achten, dass Sie alle Ihre Spezialisten als so genannten Geheimtipp verkaufen, d.h. es sind in der Regel solche, die keiner kennt, solche, die kein Buch geschrieben, keinen Lehrstuhl haben und sich in der Öffentlichkeit nicht bewährt haben. Warum? Erstens sind die, die in der Öffentlichkeit stehen und Bücher schreiben, in der Regel zu teuer und zweitens von Ihrer Meinung unabhängig und meist somit zu einer *Aussage nach Ihrem Gusto* untauglich. Legen Sie sich rechtzeitig eine Kartei *handselektierter Geheimtipps* unter den Spezialisten aller Fachrichtungen zu und Sie haben auf jede Herausforderung die passende Antwort. Es macht nichts, wenn Sie selbst die Antwort nicht wissen. Ihre profunde Kenntnis darüber, wo es das *entscheidende* Wissen zu beziehen gibt, ehrt viel mehr und erreicht viel größere Bewunderung. Wenn Sie gefragt werden, wie Sie das machen, oder Sie von respektvollen Seitenblicken erreicht werden, haben Sie die bescheidene Erklärung auch schon auf den Lippen: „Irgendwann habe ich auch mal ein bisschen nachgedacht …!"

Die Change-Agents sind alle sauer, weil es Ihnen wieder einmal gelungen ist, unternehmerisches Durchbruchsdenken auf den Boden Ihrer Durchschnittlichkeit zu bringen, und die Wankelmütigen werden sich Ihnen anschließen, froh darüber, dass es Ihnen geglückt ist, eine in Richtung aller professioneller Bedenkenträger abgesicherte Lösung zu finden.

Hinweis für angehende Change-Agents

Wenige unter uns sind dazu auserkoren, zu den risikobewussten und risikokompetenten Unternehmern zu gehören, die eine Entscheidung durch zwei Dinge absichern: erstens, dass sie die Entscheidungen rasch treffen, und zweitens, dass sie alle darin Eingebundenen befähigen und ermutigen, mit der Umsetzung unverzüglich zu beginnen. Mehr muss an dieser Stelle als positiver Ausblick gar nicht gesagt werden.

Binden Sie alle ein

Nein, nein, nicht etwa im negativen Sinne mit Leim oder Honig, sondern achten Sie ganz einfach darauf, dass alle, die Entscheidungen in einem bestimmten Bereich zu treffen haben, auch bei jeder Gelegenheit, bei der eine Entscheidung getroffen werden muss, anwesend sind.

Dies ist ein höchst effektives Mittel, jede Art von Change-Management zunichte zu machen und Sie verhalten sich dabei formell immer richtig, achten peinlichst auf jede Zuständigkeit und bauen sich den Ruf eines konsequenten Demokraten auf. Jeder weiß, dass man sich auf Sie verlassen kann. Schließlich wollen Sie verhindern, dass irgendeiner z.B. wegen arbeitsbedingter Abwesenheit oder anderen wichtigen Verpflichtungen bei der Entscheidungsfindung unberücksichtigt bleibt. Stellen Sie doch einfach aufgrund der Absenzliste Entscheidungsunfähigkeit fest und zwar immer dann, wenn irgendein Zuständigkeitsbereich für das zu beschließende Thema fehlt. Wenn der Handlungs- und Entscheidungsdruck stärker wird und trotz Absenz entschieden werden soll, müssen Sie zumindest sicherstellen, dass die Personen, die nicht anwesend sind, und davon gibt es bei jedem Meeting mindestens eine, im Nachgang zu den Beschlüssen befragt werden (von mehreren Personen natürlich!) und Gelegenheit haben, beim nächsten Meeting ihre Ansichten mit der Option einer Revision der Entscheidung in den gemeinsamen Prozess einbringen zu können.

Ja, nur so geht das mit der Teamarbeit, wie sonst können alle bei diesen Prozessen berücksichtigt werden? Selbst wenn einer der Abwesenden einen Kollegen beauftragt hat, ihn zu vertreten und quasi sein Entscheidungsrecht delegiert hat, sollten Sie Zweifel streuen, ob man dem abwesenden Kollegen wirklich einen Gefallen täte. Denn: Dass sich die Diskussion in diese Richtung entwickeln würde, wäre dem Kollegen zum Zeitpunkt seiner Entscheidungsdelegation sicher nicht bewusst gewesen. Hier gilt es einfach, Abwesende und Unwissende im Sinne der Gemeinschaft und der gemeinsamen Schlagkraft und Effektivität zu schützen …

Hier müssen Sie sich aufopfernd in die Bresche werfen und hart bleiben. Der Schutz nicht anwesender Minderheiten ist eine Grundsatzfrage und in keinem Fall verhandelbar. In diesem Fall brauchen Sie mit nichts zurückhalten, denn die Asse haben jetzt Sie alle in der Hand. Die abwesenden Kollegen werden es Ihnen danken, spätestens dann, wenn sie nach Ihrer Rückkehr sehen, dass sie von der drohenden Gefahr einer Fehlentscheidung bewahrt blieben. Aus deren Sicht steht es meist ganz außer Zweifel, dass ohne ihr Zutun meist nur Fehlentscheidungen entstehen. Auch diejenigen, die Sie hassen, werden Sie aufgrund Ihrer demokratischen und fortschrittlichen Grundhaltung achten müssen. Somit werden Sie unverrückbar zu einer Figur, an der keiner mehr vorbeikommt, selbst nicht der Stoßtrupp des Kulturwandels.

Hinweis für angehende Change-Agents

Was haben Sie gemacht? Sie haben Ihre Kollegen nicht eingebunden, Sie haben sie angebunden. Sie einbinden hieße, Ihren Kolleginnen und Kollegen Freiräume zu verschaffen, innerhalb derer sie sich bewegen können und innerhalb derer sie auch entscheiden können. Sie sollten genauer hinschauen, was Sie einbinden wollen: die Menschen, damit sie nicht weglaufen und beziehungsorientiert eine Abhängigkeit zum Unternehmen oder zu Ihrer Person eingehen? Oder sind Sie mehr unternehmerisch ergebnisorientiert und wollen die Aktivitäten der Menschen in ein gemeinsames Projekt und Ziel einbinden? Motivation heißt Bewegung, und Bewegung braucht Räume – die berühmten Freiräume.

Rechnen Sie mit dem Schlimmsten

Natürlich nicht für sich selbst, Ihnen kann kaum etwas passieren, wenn Sie die Ratschläge dieses Büchleins befolgen. Gemeint ist hier, dass Sie anderen beim Rechnen helfen sollen.

Man darf einem Change-Agent schon mal die Frage stellen, wie er sich das mit seiner persönlichen Karriere eigentlich gedacht hat. Ist er wirklich abgesichert? Wer hat ihn in seine Position gehievt? Und selbst, wenn es der Vorstandsvorsitzende war, ist nicht gesagt, dass er nur mit *ihm* den Vertrag hat. Zum Beispiel sei doch wohl folgende Frage erlaubt: „Was machen Sie denn, wenn unser Chef mal weggehen sollte oder sich anderen Lieblingsthemen zuwendet? Haben Sie dann wenigstens noch einen Zweiten, der für Sie einsteht?" So abgeschmackt dieser Gedanke auch ist, die ihm entspringende Frage stellt sich versicherungstechnisch betrachtet ganz nüchtern. Ihr spezieller Freund aus dem Lager der Change-Agents wird sich da schon mal den Kopf zerbrechen müssen. Mit Ihrer „Hilfe" geht ihm wahrscheinlich auf, dass er über Nacht in ein ganz tiefes schwarzes Loch fallen könnte. Sie dürfen das nicht so verstehen, dass Sie derjenige waren, der durch das Spielen mit schwarzen Phantasien dieses Loch überhaupt erst aufgetan hat. Nein, nein, man muss in diesem Leben mit allem rechnen. Es wäre unrealistisch, es nicht zu tun.

Nach dieser Argumentation können Sie sicher sein, dass Ihr Change-Agent jetzt einige Wochen lang rechnet ... Auch er hat sich ja bei der ganzen Sache vielleicht „etwas ausgerechnet" und auch für ihn muss diese Rechnung aufgehen.

Wenn er plötzlich Risiken erkennt, auf die Sie ihn dankenswerterweise aufmerksam gemacht haben, dann kann es sein, dass er seine ursprünglichen Konzepte möglicherweise in einem anderen Licht betrachtet und sich aus der Riege der Veränderungsaktivisten zurückzieht – einer weniger ...

Eine andere Möglichkeit, die sich Ihnen bietet, besteht darin, bei jeder Maßnahme des Kulturwandels im Vorfeld eine höllische Angst unter den Organisatoren und Beteiligten zu verbreiten, so dass die Grundstimmung zum Zeitpunkt der Abwicklung dieser Maßnahme desolat ist. Nur Change-Agents mit einem guten internen Coachingsystem und Nerven aus Stahl überleben diese Verunsicherungsstrategie – von den letzteren gibt es wenige. Auch wenn die Maßnahme ein Riesenerfolg war und das Feedback dies bestätigt, sollten Sie einfach weiterrechnen. Z.B. damit, dass der Prozess „jederzeit abbrechen kann" oder die Beteiligten die Projekte nicht durchhalten oder aus verschiedenen Ecken Widerstand zu erwarten ist und alles bloß „ein langer steiniger Weg werden wird".

Das Allerschlimmste, was passieren könnte, wäre ein Großauftrag mit positiven Auswirkungen auf die Bilanz, der Veränderungsbestrebungen sofort wieder im Keim erstickt. Logik und Anspruch des Lernenden Unternehmens haben vor Erfolgen zwar überhaupt keinen Respekt, da sie sich ständig auf die nächsten und neuen Herausforderungen nach dem Motto konzentrieren „Was interessiert mich mein Erfolg von gestern?" (abgewandelt nach Konrad Adenauer). Sie aber zählen auf menschliche Grundinstinkte und weniger auf Lernfähigkeit. Ihre Strategie besteht darin, die Angst entscheiden zu lassen, und zwar nur die Angst, gekoppelt mit Logik.

Die Methode, mit dem Schlimmsten zu rechnen, ist schon faszinierend. Im Grunde spielen Sie mit Imponderabilien. Imponderabilien sind per definitionem Unwägbarkeiten, also Dinge, die man *eben nicht* „wiegen", nicht quantifizieren kann. Und damit „rechnen" Sie? Die Logik allein sagt, dass dies nicht geht, aber Logik ist in diesem Prozess auch nicht entscheidend. Selbst wenn Sie in einer stürmischen Gewitternacht mit einem Glas Whisky in der Hand versunken in Ihr Kaminfeuer starrend von der Ahnung befallen werden, dass das Rechnen mit dem Schlimmsten eigentlich keine zukunftsgestaltende Denkmethode ist und in der Bilanz mehr Scheitern als Erfolg verursachen wird, sollten Sie daraus nicht voreilige Schlüsse ziehen und am nächsten Tag Ihre Gewohnheiten ändern. Wenn man für Unsinn voll bezahlen will, muss man sich auch treu bleiben …

Hinweis für angehende Change-Agents

Haben Sie schon mal überlegt, ob es nicht gewinnbringender im doppelten Sinne wäre (Bilanz und Menschlichkeit), dem kleinen schwarzen Kobold in uns, der im tiefen Keller sitzt und mit seinem Hämmerchen immer wieder alles zertrümmert, eine andere Aufgabe zu geben? Etwa die Aufgabe, anderen, die zum Nutzen der Unternehmung Risiken auf sich nehmen, eine Stütze und Ermutigung zu sein? Hier steht bewusst „Gemeinwohl", denn in Zeiten der Herausforderung ist es nützlich, neue Wege zu beschreiten, deren Ende und Gefahren nicht immer ganz berechenbar sind. Dazu braucht man jemanden wie Sie, der viel Energie hat – am richtigen Platz, da, wo es nach vorne geht. Man benötigt Menschen, die *besonders gut* rechnen können, die versiert sind in Algebra *und* in der Relativitätstheorie.

31.

Handeln Sie nur im rechten Glauben

Die psychosomatische Medizin hat uns gelehrt, dass bestimmte Verhaltensweisen und damit in Zusammenhang stehende innere Grundhaltungen gesundheitsschädlich sein können. Oberflächlich sprechen wir von Herzinfarkt, Rauchgewohnheiten, Workaholismus und Belastungsproben für unser Immunsystem. Wir haben also gelernt, dass wir lange gesund und munter bleiben können, wenn wir mit unserem Umfeld in einer ausgeglichenen Homöostase leben. Das bedeutet auch, dass unsere Grundüberzeugungen bei diesem Prozess eine Rolle spielen.

Glauben und Handeln sollten kongruent, d. h. möglichst deckungsgleich sein, dann erleben wir innere Befriedigung. Aber haben wir alle den gleichen Glauben? Was bedeutet gemeinsames Handeln? Bedeutet gemeinsames Handeln, die gleiche Religion oder Ideologie zu haben? Die aufgeklärte Menschheit meint, über diese mittelalterliche Entwicklungsstufe – den gleichen Glauben haben zu müssen, um gemeinsam handeln zu können – hinausgekommen zu sein. Meint sie. Die Wirklichkeit ist anders. Wir in Europa haben schließlich „höhere" Werte und handeln aus dem Glauben heraus, alles andere wäre die Seuche des amerikanischen Pragmatismus, und da sieht man, wohin das führt (Kriminalität, AIDS und Globalisierung).

Und nun schauen Sie sich diese Change-Agents einmal an. Erstens der Name. Wenn die Bezeichnung eine russische wäre, wäre sie natürlich genauso verdächtig, aber die amerikanische Version macht das Phänomen nicht besser. Auf gut Deutsch übersetzt heißt Change-Agent „Änderungshandler". Übersetzt man den Begriff, sieht man schon, dass es dieses Wort gar nicht gibt und dass das Phänomen auch gar nicht in unsere Kultur passt!

Sehen Sie sich die Leute an, die sich so nennen. Wenn es welche gibt, die plötzlich Dinge anders machen wollen, ist das schon primär verdächtig. Wenn dieselben Leute aber eine selbstsichere und bewusste Gangart an den Tag legen, aufreizend gut kommunizieren und anscheinend genau wissen, was sie wollen, ja sogar darüber hinausgehen und Handlungen unternehmen, dann erhebt sich wirklich die Frage, ob die ganze Bande nicht irgendwie ferngesteuert ist. Da sie keine Sticker oder Ordensnadeln tragen, die die Zuordnung erleichtern würden (so wie bei manch anderer Loge, die sich aus einer abendländischen Glaubensgemeinschaft, einer Wohlfahrtsvereinigung oder dem Tennisclub herausentwickelt hat), ist es schwierig, sie zu identifizieren. Irgendwie haben diese Change-Agents intellektuell alle ähnliche Steuermechanismen.

Da hilft nur, rechtzeitig die Frage nach dem rechten Glauben zu stellen, und zwar gezielt. Im Zielfeld sollten Sie konkret Verschwörungen vermuten. Zweite Priorität haben die anderen üblichen Verdächtigen, wie Atheisten, sitzengebliebene 68er, Esoteriker, ganz normale Neurotiker und Schürzenjäger. Dieser Versuch einer Glaubenserhebung geschieht unter der Annahme einer hohen Dunkelziffer der Parareligiosität. Aus eigener Anschauung gehen Sie davon aus, dass diese hoch sei. Natürlich wissen auch Sie, dass die Change-Agents eher klare Rationalisten sind. Aber hauen Sie trotzdem einmal auf den Busch und stellen Sie die Frage nach dem „rechten Glauben", was immer das auch sei.

Wenn Sie da zufällig eine Antwort kriegen, sei es auch nur eine einzige, müssen Sie die natürlich sofort höchst interessant finden, womit Sie Ihrem Gegenüber oder der Runde andeuten, dass bei Ihnen jetzt eine ganze Interpretationskaskade losgegangen ist und Sie eine sofortige Zuordnung und damit Entschärfung der Absichten der Person vornehmen können. Dieses Vorgehen ist ein wirksamer und effektiver Block gegen den allgemeinen Veränderungswahn unter dem Banner von Restrukturierungsabsichten. Denn bei diesen Antworten findet sich immer irgendetwas, was einem rechtgläubigen Zentraleuropäer verdächtig vorkommen muss.

Die Frage nach dem rechten Glauben ist als Kulturnote in unserem germanozentrischen Weltbild tief verwurzelt. Der amerikanische Historiker Gordon Craig beschreibt dieses Phänomen und bringt es mit den leidvollen Erfahrungen im 30-jährigen Krieg in Zusammenhang, in dem jeder verdächtig war, zur anderen Partei zu gehören, und man einen „echten Deutschen" nur am rechten Glauben erkennen konnte. Auch heute noch kommen uns Change-Agents „schwedisch" vor.

Ein Bild ist ein Bild und wenn die Worte durch den Raum geflogen sind und alle auseinandergehen, nimmt jeder nur das Bild mit. Der Glaube versetzt Berge, sagt man. Führen Sie Ihre Change-Agents, denen Sie den Wind aus den Segeln nehmen möchten, ganz sacht und behutsam zu der Erkenntnis, dass es ohne den rechten Glauben nicht möglich sei, Veränderungen größeren Ausmaßes einzuleiten, auszuführen und vor allem durchzustehen. Sie sind natürlich selbst immer offen und bereit, ihnen die Pforten und Wege zu den besagten Institutionen zu öffnen und sie dort gegebenenfalls zu integrieren. Ein bisschen aufpassen müssen Sie schon, denn gut Ding will Weile haben und in den reisen, von denen wir hier jetzt reden, kann man sich kein U-Boot leisten. Die Eingangskontrollen sind scharf und das ist auch gut so, denn Austritte aus diesen Systemen darf es nicht geben. Sie wurden auch in der Vergangenheit selten gelebt. Wenn Sie die Change-Agents nicht auf diese Fährte locken können, gibt es noch die Möglichkeit, sie aufgrund eines vermeintlich identifizierten Glaubens bewusst fälschlich einzuordnen. Das nennt man auch diskrete Verleumdung, denn Diskretion ist Ehrensache. Allerdings müssen Sie es gründlich anlegen, denn es soll auch schon mal passiert sein, dass ein Anti-Change-Agent bei dieser Tätigkeit ertappt und entlarvt wurde, und dann ist der Rebound-Effekt um so schlimmer.

Hinweis für angehende Change-Agents

Bei aller Toleranz für Andersgläubige, eines ist ganz klar: Sekten und sektenähnliche Gemeinschaften, egal ob mittelalterlich oder neuzeitlich, haben an keiner Stelle in einem Unternehmen etwas zu suchen! Es gibt ein Mittel, den Freund eines Unternehmens von dessen Feind zu unterscheiden. Man messe jeden am Commitment den Zielen der Organisation gegenüber und an seinen Handlungen. Wer handelt, wird erkannt, und wer nicht handelt, handelt automatisch gegen das Unternehmen, völlig egal was er sonst glaubt.

Mit Mobbing und Gerede, mit Verdächtigungen und Angst und vor allem mit der Frage nach dem rechten Glauben bringen wir an keiner Stelle etwas Produktives zuwege und lähmen damit nur den ganzen Apparat. Daher: Achten Sie auf das, was *getan* wird, und Sie finden diejenigen, mit denen Sie unternehmerische Ziele erreichen.

Und noch eins: Wer Kollegen, Mitarbeiter oder Vorgesetzte bezichtigt, menschenverachtenden Glaubensrichtungen anzuhängen, sollte schon triftige Beweise dafür haben, wenn er sich nicht dem Verdacht aussetzen will, selbst derartige Anschauungen zu haben.

Hören Sie auf Ihre innere Stimme

Lassen Sie diese Stimme des Öfteren frei sprechen. Sie können es auch „inneren Dialog" nennen. Ihre innere Stimme drückt Emotionen aus. Sie platzieren sozusagen damit noch eine virtuelle Person mehr in die Runde, die auf einer ganz anderen Ebene mitredet. Daher wird sie in der Regel ernster genommen als Ihre äußere Stimme und ist nur über diese auch erreichbar.

Für Sie hat es den Vorteil, dass Sie nach Beliebigkeit Ihre jeweilige Stimmungslage zu einem objektiven Kriterium für Entscheidungen ausbauen können – für Entscheidungen, die im plötzlich erweiterten Team gefällt werden müssen. Jedes Mal, wenn es schwierig wird, lassen Sie einfach Ihre innere Stimme ein wenig reden oder geben Sie Ihren inneren Dialog preis. Ihnen könnte z.B. irgendetwas fehlen, Sie würden irgendetwas brauchen usw. Jeder wird bemüht sein, Ihnen zu helfen. Der Schutzinstinkt menschlicher Gruppen wird hier angesprochen. Eine Erfolgsbestätigung für Ihre Bemühungen bekommen Sie dann, wenn Sie zehn zerknirschte und sorgenvolle Gesichter auf einmal anblicken. In diesem Moment lassen Sie die innere Stimme eine Frage stellen und tragen somit den Dialog wieder nach außen. Das war der komplette Prozess: Wie mache ich meine momentane Stimmungslage zum objektiven Entscheidungskriterium? Klingt faszinierend, nicht wahr?

Studieren Sie einfach am Modell anderer Anti-Change-Agents, die für Sie ein Rollenvorbild sind, und auch Sie werden dieses Vorgehen bald lieben lernen. Eine kleine Warnung am Rande. Erstens: Der Begriff „innerer Dialog" klingt besser als „innere Stimme", zweitens: Bringen Sie den Begriff „innerer Dialog" zügig und wie einen wissenschaftlichen Begriff rüber, sonst denken manche Kollegen, Sie bräuchten einen Psychiater, der Sie von diesem inneren Stimmengewirr befreit. Drittens: Überstrapazieren Sie diese Maßnahme nicht, ein- bis zweimal angewandt müsste diese Taktik ausreichend sein. Des Weiteren müssen Sie höllisch aufpassen, dass Ihre innere Stimme oder Ihr innerer Dialog nicht zu einer inhaltslosen Floskel verkommen. Wenn die Stimme immer wieder das Gleiche sagt, dann haben *Sie* nämlich das Problem und nicht die anderen. Am besten fragen Sie selbst mal Ihre echte innere Stimme vor der Besprechung und stellen Ihr die Frage: „Was möchtest du denn heute wieder alles sagen?"

Wenn das mit der inneren Stimme nicht richtig funktionieren sollte, dann können Sie anders vorgehen, direkt mit gefühlsmäßigem Brutalangriff. Sagen Sie einfach: „Nein, ich mag jetzt nicht mehr" oder „Dazu habe ich jetzt keine Lust". Nur Königen und Kindern steht diese Reaktion zu und dass Sie kein Kind mehr sind, sieht man ja. Wenn Sie glaubhaft rüberbringen, dass Sie kurz vor einer inneren oder äußeren Explosion stehen, wird jeder auf Sie Rücksicht nehmen und den Entscheidungsprozess vertagen. Es kommt mal wieder nicht zum Handeln. Auch feinsinnige Betriebspsychologie wird Sie in diesem Punkt unterstützen: Es hätte ja nichts genutzt, Sie irgendwie zum Handeln zu bewegen, wenn Sie gefühlsmäßig nicht dabei sind. Sie hätten sich gezwungen gefühlt und mit Rache- und Hassgefühlen reagiert, weil irgendetwas Sie verletzt hätte. Es ist also ganz richtig, dass Sie Ihren Unwillen offen bekundet haben. Wie die Gruppe auf Ihre Emotionen reagiert und damit umgeht, ist ja deren Sache. Die Voraussagewahrscheinlichkeit, dass Sie in diesem Zustand nicht angegriffen werden, liegt bei 98 Prozent.

Wenn Sie Ihre Gefühle nicht so auf Anhieb theaterreif inszenieren können, besuchen Sie doch einmal eines der angebotenen Führungskräftetrainings oder psychologischen Seminare. Die Fachleute dort werden all ihre Intelligenz und

Geschicklichkeit dazu verwenden, Ihnen zu zeigen, wie man mit Gefühlen umgeht, wie man Gefühle herauslässt, sie anderen deutlich zeigt und wie man sich artikuliert. Was Sie dabei automatisch lernen und was nicht Bestandteil des dort ausgeübten Lehrplans ist, ist die Tatsache, wie Sie Gefühle auch schnell wieder einpacken und von einem aufs andere umstellen können. Dies ergibt sich als Spin-off für die pragmatische Anwendung im Alltag. Von der Seminarleitung ist dies gewiss nicht intendiert, aber bei Licht betrachtet ist es der einzige Mehrwert für Ihre Aufgabe, Ihre Gefühle zum objektiven Entscheidungskriterium zu machen.

Change-Agents durchschauen das manchmal nicht so leicht und sind dann perplex, was so alles mit wohl vorbereiteten Präsentationsunterlagen passieren kann. Bereits dieser Moment der Wahrnehmung ist für sie schmerzlich, denn er ist gleichzeitig eine Dokumentation, dass sie schon wieder den Zeitpunkt, eine Entscheidung herbeizuführen, nicht in den Griff gekriegt haben. Aber wie sagt man doch so schön in geschickten Bewahrerkreisen: „Das Ganze hat einen hohen Unterhaltungswert."

Hinweis für angehende Change-Agents

Im Grunde benötigen Sie den Trick mit der inneren Stimme nicht, wenn Sie selbst kongruent und logisch kommunizieren. Jeder wird Ihre Argumente ernst nehmen und Sie anhören, wenn Sie eine Persönlichkeitsreife ausstrahlen, die es Ihnen erlaubt, vom Kasperltheater Abstand zu nehmen. Drücken Sie Emotionen direkt aus und bringen Sie sich voll und ganz ein. Es ist meistens nur die Angst, nicht gemocht zu werden, oder fachliche Inkompetenz, die uns zwiespältig kommunizieren lassen.

Schlichten Sie

Warum das, werden Sie sich jetzt fragen, wo doch diese Fibel häufig genug dazu rät, die eigene Konfliktkeule hervorzukehren. Ja, richtig, die eigene Keule haben Sie selbst in der Hand und damit entscheiden Sie über ihren Einsatz. In diesem Kapitel geht es um eine andere Situation: Zwei streiten sich.

Wenn zwei andere sich streiten, kann dies insofern gefährlich werden, weil Konflikte manchmal äußerst fruchtbar und produktiv sind, indem sie auf eine höhere Ebene der Integration führen und die Beteiligten sich dadurch plötzlich ein Stück weiter nach vorne bewegt haben. Letzten Endes könnten beide noch sagen, sie hätten durch ihren Streit etwas gelernt. Dies gilt es aber zu verhindern. Greifen Sie also unverzüglich ein und schlichten Sie. Die beiden Vorteile liegen auf der Hand.

Erstens wird man Ihnen Weisheit und Überblick attestieren und glauben, Sie hätten ein Konzept, das Sie in die Lage versetzt, schlichtend vorzugehen. Sie haben keines, Sie brauchen keines. Macht nichts, konzentrieren Sie sich ganz aufs Schlichten!

Zweitens: Die Beteiligten kommen wieder auf ein friedliches Niveau herunter und das ist vom geistigen Inhalt her genau dasjenige, von dem aus sie sich unvorsichtigerweise beinahe hinwegbewegt hätten. Warum ist das passiert? Offensichtlich, weil der Prozess ein neues Konzept verlangt, aber jetzt ist alles wieder gut, man streitet sich nicht, befindet sich in einer geschlichteten Situation und die beruhigte Vermutung, es gäbe ein geniales und alle befriedigendes

Konzept, schwebt völlig undefiniert und unausgesprochen im Raum, wird aber mit Regelmäßigkeit mit Ihrer Person in Zusammenhang gebracht werden. Falls jemand auf die Idee kommen sollte, danach zu fragen oder es gar einzufordern, sollten Sie es abbiegen mit dem Hinweis: „Nicht jetzt, ich bin gerade froh, dass wir das hier wieder auf die Reihe gekriegt haben, dazu müssen wir uns eine ruhige Stunde, vielleicht in einem Workshop, gönnen, ich halte das für günstiger." Bis zu diesem Workshop werden noch viele Quadratmeter bedruckten Papieres produziert und innerhalb der Räumlichkeiten Ihrer Firma hin und her transportiert werden, bis sie irgendwann verworfen werden ... Ein Konzept war natürlich nicht dabei.

Fazit: Wer schlichtet, braucht ein Konzept, sonst stehen alle wieder da wie zuvor.

Hinweis für angehende Change-Agents

Es gibt auch einen produktiven Weg, mit Streit umzugehen. Die Situation kann als Lernchance genutzt werden, aber nur dann, wenn der Konflikt ausgetragen und nicht vordergründig geschlichtet wird. Alle haben dabei Gelegenheit zu lernen, was nicht heißen soll, dass wir allein über Konflikte lernen! Die Lernchance machen wir oft durch ein *voreiliges* Harmoniebedürfnis kaputt. Die vorauseilende Variante ist noch kontraproduktiver. Es lohnt sich im Gegenteil mehr, die Facetten möglicher Einwände und Widerstände abzugrasen und anzusprechen, wenn wir wollen, dass unsere gemeinsamen Beschlüsse auch gemeinsam und ergebniswirksam umgesetzt werden.

Entschuldigen Sie sich ruhig mal

Sie verschaffen sich dadurch ein Verhandlungspfand. Wie das?

Nun, wir unterscheiden zwei Arten von Entschuldigungen. Einmal die so genannte reaktive Befriedungsrochade und zum anderen die proaktive Befriedungsobligation.

Zu Punkt 1: Angenommen Sie sind in einen Konflikt verwickelt, der eskaliert. Dann haben Sie jederzeit die Möglichkeit, ihn abzubrechen, indem Sie sich entschuldigen.

Durch eine Entschuldigung lösen Sie einen Konflikt nicht. Sie befrieden ihn und verschieben die dahinter schwelende Thematik auf unbestimmte Zeit. Solange wird es gar nicht dauern, bis Ihnen der gleiche Konflikt in einer anderen Form an einer anderen Baustelle erneut begegnet. Wenn Sie den Grundkonflikt kennen, können Sie ihn nutzen, um Emotionen zu machen – entscheidungsverhindernde Emotionen und handlungsblockierende Emotionen. Steuern Sie den Konflikt kurz an, greifen Sie ihn auf, wenn Sie wissen, dass er im Raum schwebt, und kurz bevor er lernproduktiv wird, ein Höherer sich einmischt oder die vorhin erwähnten Win-Win-Plattformen gesucht werden: *entschuldigen Sie sich.*

In klärenden Gesprächen auf anderen Ebenen halten Sie immer wieder fest, dass man an dieser Stelle nicht weiterkommt. Ihnen wird man nichts anlasten können, denn Sie haben sich ja sozialverträglich verhalten und sich entschuldigt. Kaum einer wird dieses Vorgehen durchschauen und die, die es durchschauen, haben meist hervorragende Kommunikationstrainings in ausgewählten Instituten hinter sich. Sie werden entweder verständnisvoll grinsen und Sie als einen der Ihren identifizieren oder sich ärgern und nichts dagegen unternehmen können.

Zu Punkt 2: Die proaktive Befriedungsobligation besteht darin, dass Sie sich im Vorgriff entschuldigen, um im Verhandeln von Argumenten und Positionen Ihren Counterpart in die Befriedungs*pflicht* zu nehmen. Praktisch sieht das so aus, dass Sie sagen: „Ich möchte gewiss nicht an dieser Stelle dies und jenes in Frage stellen, aber Sie werden es mir gewiss verzeihen, wenn ich auf den einen Punkt noch einmal zurückkomme" usw. Ihre Gegenspieler haben somit den Hinweis erhalten, dass Sie jetzt etwas diskutieren wollen, was ihnen nicht gefällt, dass Sie diesen Punkt aber auch nicht konstruktiv verändern wollen. Ja, was wollen Sie dann? Natürlich, Sie wollen ihn kippen, er soll ganz wegfallen, ersatzlos gestrichen werden.

Hinweis für angehende Change-Agents

Eine Entschuldigung sichert vorangehendes fehlerhaftes Verhalten quasi als Regelfall! Daher stammt auch der Ausspruch aus dem Munde eines besonders gewieften amerikanischen Vorstands, der gesagt haben soll: „Es ist besser, sich hinterher zu entschuldigen, als vorher um Erlaubnis zu bitten!" Es funktioniert – auch für Change-Agents. Dennoch: In Kindergärten angewandt, mag dies annehmbar sein, in den Oberstübchen erwachsener Hirne erwarten wir uns mehr Standhaftigkeit und Zivilcourage, für unsere eigenen Handlungen einzutreten und dafür verantwortlich zu zeichnen.

Achten Sie auf Begreifbarkeit

Change-Agents sind ja wirklich herzige Zeitgenossen! Da gehen sie einfach her und produzieren ein paar neue Konzepte für den unternehmerischen Erfolg aller Mitarbeiter und glauben dann, eben diese Mitarbeiter würden das auch begreifen. Verabsäumen Sie nicht, sich rechtzeitig als Profi für Begreifbarkeit und damit als Mitarbeiterschnittstelle zu positionieren. Wenn Sie das geschafft haben, dann kommt man ohne Sie überhaupt nicht weiter. Lassen Sie durch diesen Engpass, durch diesen Flaschenhals, den Sie mit dieser Position bilden, die Argumente und hier gibt es überhaupt nur ein Kriterium: Das ist die „Griffigkeit".

Diskutieren Sie Veränderungskonzepte am besten überhaupt nicht an der Stelle, an der sie greifen sollen. Diskutieren Sie solche Konzepte an der Stelle, an der andere sie begreifen sollen, und machen Sie sich ganz einfach zum Nadelöhr, indem Sie sich hinstellen und zum Entsetzen aller den Satz sagen: „Ich weiß nicht, mir ist das Ganze noch nicht *griffig* genug." Ja, so einfach ist das. Griffigkeit, was immer das auch sei, wird zum Kriterium für Begreifbarkeit.

Sie kommunizieren damit unmissverständlich, dass Sie das ganze Konzept überhaupt nicht anfassen werden, weil es Ihnen eben nicht griffig ist. Letztlich ist Ihr Argument vernichtend und brutal, denn es heißt nichts anderes, als dass das ganze Konzept als solches nichts wert ist. Inhaltlich mag wohl alles richtig und intelligent sein, aber umsetzen kann man so ein Konzept natürlich nie – und das ist ja wohl das Entscheidende. Es besteht allerdings zunehmend die Gefahr, dass der eine oder andere fragt, was denn das Kriterium für Griffigkeit sei, aber auch hier können Sie sich weiterhelfen, indem Sie etwa Ihre gegenwärtige Stimmungslage zum objektiven Entscheidungskriterium machen. Sie müssen sich in diesen Dingen treu bleiben, um Erfolg zu haben.

Falls jetzt doch noch einmal ein hartnäckiger Change-Agent nachsetzen und fragen sollte: „Nein, im Ernst, was ist denn jetzt wirklich mit Griffigkeit gemeint?" Dann stellen Sie mit einer einzigen Frage Offenheit, Intelligenz und Kooperationsvermögen dar, indem Sie kontern: „Stimmt, das ist eine gute Frage, wir sollten das einmal näher beleuchten, aber hier ist nicht die richtige Umgebung". Das Ergebnis der Verhandlung wird sein, dass die Change-Manager ihr Konzept wieder einpacken, den Auftrag erhalten, es griffiger zu machen, wobei sie ja dafür kein Kriterium haben und bei der Arbeit an der Griffigkeit immer tiefer in den Wald geraten.

In der nächsten Sitzung steigt die Wahrscheinlichkeit, dass Sie das ganze Konzept aufgrund der neuen Überarbeitung abschießen können. Warum? Überlegen Sie mal, was die anderen tun werden. Sie werden sich sagen: „Gut, Griffigkeit bedeutet, mehr an Herz und Denken der Mitarbeiter heranzugehen", und sie werden versuchen, in der Darstellung Emotionen einfließen zu lassen. Diese tropft dann an bestimmten Ecken und Enden aus dem Konzept heraus, so dass es unpassend und komisch wirkt.

In der zweiten Sitzung, Sie wussten es bereits vorher, passt das Thema dann erst recht nicht durchs Nadelöhr, weil Sie folgendermaßen vorgehen: Die nunmehr eingebaute Emotion um den Faktor Griffigkeit zu erhöhen, wird von Ihnen plötzlich als ursächlich treibende Kraft des Gesamtkonzepts identifiziert! D.h. Sie kehren die Kausalkette einfach um und argumentieren folgendermaßen: „Merken Sie auf einmal, aus welcher Ecke das Ganze kommt", „Ja, wenn das dahintersteht", „Ausgerechnet diese Situation haben wir schon einmal gehabt und sind damit baden gegangen", „Also wenn Sie das so darstellen, machen Sie sich als Idealist verdächtig". Oder noch besser, Sie sagen immer „Mh, mh, mh" und „Mal sehen", transportieren das ganze Konzept eine Entscheidungsebene höher und legen es dem Vorstand vor mit der Bemerkung, dass dies die verbesserte Version sei. Der braucht jetzt genau zwei Millisekunden, um auszuflippen: „Das kann's ja wohl nicht sein" ist seine Antwort oder: „So habe ich mir das nicht vorgestellt!" Und dann kommt aus dessen Mund die Frage, auf die Sie lange hoffnungsvoll gewartet haben: „Ich frage mich langsam, ob wir für den Veränderungsprozess die richtigen Leute an Bord haben?"

Sorgenvoll und bedeutsam kichernd verlassen Sie das fünfminütige Meeting mit Ihrem Vorstand und betrachten die Sätze, die hier gewechselt wurden, als Auftrag, das Thema offiziell abzuwürgen. Sie tun es einfach, ohne natürlich Bezug auf dieses Gespräch zu nehmen. Leise mordet sich's am Besten. Bedenken Sie Ihre vielen Rollen: Sie sind nicht nur Inquisitor im Veränderungsprozess, sondern auch Henker. „Ungewöhnliche" Menschen wie Change-Manager oder Change-Agents werden nie begreifen, dass jemand so sein kann wie Sie. Für die sind *Sie* nicht griffig. Ihnen kann also eigentlich nichts passieren, außer Change-Agents fingen an, dieses Buch zu lesen.

Hinweis für angehende Change-Agents

Ein subtiles Paradigma schwebt im Raum, das hiermit aufgeklärt sei. Der Unterschied zwischen Begreifbarkeit und Verständlichkeit. Mit Begreifbarkeit suggeriere ich, dass andere meine Rede „nicht begreifen", mit anderen Worten zu ungebildet und zu dumm dafür sind. Mit Verständlichkeit suggeriere ich ein anderes Bild: Ich bin es darin, der etwas tun kann, um sich wirksam auszudrücken, so dass ich verstanden werde. Es liegt an mir. Und das ist wahr: Der Sender muss die Frequenz des Empfängers suchen, er hat keine Chance, an dessen Grundeinstellung erst herumzubasteln. Daher eine Empfehlung an angehende Change-Agents: Achten Sie auf Verständlichkeit, und verbessern Sie diese kontinuierlich.

36.

Achten Sie auf Verständlichkeit

Manchmal sind Konzepte nicht nur nicht griffig im Sinne des vorangegangenen Kapitels, sondern man kann Sie auch einfach in sich nicht verstehen. Am besten, Sie lassen die komplexen Zusammenhänge erst einmal eine Stunde oder etwas länger erklären und dann stehen Sie staunend vor dieser Welt und sagen schlichtweg: „Es tut mir leid, ich hab's nicht verstanden!" Damit gehen Sie natürlich aufs Ganze. Erstaunlicherweise wird die Aussage „Ich verstehe es nicht" nie so interpretiert, als wollten Sie damit zum Ausdruck bringen, dass der Gesamtprozess wegen Ihrer persönlichen geistigen Beschränkung scheitern muss. Das wäre schließlich eine Unverschämtheit, keiner wird Ihnen Ihre mögliche Dummheit vorwerfen. Der Vorwurf der Dummheit geht erstaunlicherweise mit schöner Regelmäßigkeit an eine ganz andere Adresse, nämlich an diejenigen, die das Konzept gemacht haben!

Die unbewusste Annahme, dass Sie selbst hochintelligent und versiert sind und vor diesem Hintergrund nicht verstehen, was gesagt wurde, beweist doch untrüglich, dass das gesamte Konzept ein total versponnener Käse ist. Wenn sich der Change-Agent oder Change-Manager erst mit der Eröffnung einer Diskussion zu retten versucht, geben Sie ihm damit keine Chance. Das Konzept ist so unverständlich, dass keiner weiß, was man eigentlich konkret fragen soll. Wenn der Change-Agent wieder von vorne anfängt oder eine neue Folie in einer anderen Version auflegt, dann lautet Ihre Intervention: „Die Folie ist nicht das Problem: Das Konzept *in sich* ist unverständlich."

Natürlich haben Sie gelogen. Selbstverständlich haben Sie das Konzept verstanden und Sie haben auch ganz genau verstanden, dass es ein Konzept ist, das wirklich Veränderungen bewirken wird. Das ist auch der Grund für Ihre Reaktion, die in diesem Punkt aufs Ganze geht. Sie müssen schon einen sehr genialen oder geschickten Change-Agent vor der Nase haben, der Sie aushebelt. Denn der müsste Ihnen schon vollkommen respektlos vor Rang und Namen folgende Antwort geben: „Ja, Herr Kollege, in diesem Punkt kann ich Ihnen leider nicht weiterhelfen, aber ich bin gerne bereit, im Rahmen eines privaten Seminars zu versuchen, Ihnen die Materie noch einmal näher zu bringen."

Und hier liegt das Risiko der Maßnahme: Falls der Change-Agent diese Frechheit besitzt, ist es zu spät für Sie, denn dann spricht sich innerhalb von wenigen Tagen im Unternehmen herum, dass es Sie sind, der Nachhilfeunterricht benötigt und die neue Welt nicht versteht oder verstehen will.

Hinweis für angehende Change-Agents

Verständlichkeit ist keine Selbstverständlichkeit, insbesondere, wenn Lernprozesse den Inhalt der Materie bilden. Fragen sind schon immer der Schlüssel zum Verständnis und zur Verständigung gewesen. Ohne ausreichend gefragt zu haben, sollte keiner den Raum verlassen. Fragen zu können bedeutet, für Dinge offen zu sein und Dinge besser machen zu wollen. Beides sind unternehmerische Kernkompetenzen.

Betrachten Sie das Neue als Chance für gute Traditionen

Da, wo Bewegung herrscht, ist die Bereitschaft, neue Botschaften aufzunehmen, groß. Wenn es Ihren Change-Agents gelungen ist, Bewegung zu erzeugen, dann sollten Sie an der Spitze der Veränderungsbewegung in der Lage sein, entsprechende Inhalte einzukippen.

So, und jetzt denken Sie mal scharf nach: Was würden Sie sich wünschen, das Menschen lernen bzw. anwenden? Es kann sich doch nur um die guten alten Traditionen handeln, die so sehr in Vergessenheit geraten sind. Damit diese Dinge aufgegriffen werden, dürfen es natürlich nicht Traditionen sein, in deren unmittelbar fortsetzender Linie Sie sich gerade befinden. Nein, es müssen *viel ältere* Traditionen sein. Richtiger Schmäh von anno dazumal also, der aber seinerzeit schon wirksam war, Destabilisateure von Systemen uneffektiv zu machen. Sie sollten jedoch darauf achten, Ihr Umfeld nicht mit Botschaften wie: „Das haben wir doch schon alles gehabt, das ist doch gar nicht neu!" zu sensibilisieren. Das tun nur Amateure unter den Anti-Change-Agents. Sie als Profi greifen das Neue sofort auf, reichern es mit den entsprechenden Inhalten aus Ihrer Sicht an und schleusen diese Mischung wie einen Anti-Exe-Virus in das Betriebssystem des Unternehmens als kleine, aber feine Lahmleger im Denken ein. Ihr Zynismus sollte in dem pimär unverfänglichen Motto gipfeln: „Kulturveränderer wollen das Bewährte/das Gute der Vergangenheit mit dem Notwendigen der Zukunft verbinden."

Ja, *was* war gut in der Vergangenheit, *was* hat sich in der Vergangenheit alles bewährt? Das wissen Sie besser und demzufolge haben Sie wieder das Sagen und einen x-beliebigen Spielraum, ansehnliche Mengen von geistigem Bodensatz in neuen Prozessen zu verwursten. Und wenn dann nach ein, zwei oder drei Jahren jemand rückblickend sagen wird: „Na, das, was wir da mit Kulturveränderung gemacht haben, war wirklich alter Wein in neuen Schläuchen", dann verhalten Sie sich wie in Kapitel 1: Lächeln Sie leise. Wenn Sie sogar noch ein Schrittchen weitergehen wollen, dann stellen Sie sich auf den Standpunkt, dass man ja nur bestimmte Dinge, die in der Vergangenheit auch schon immer gefordert wurden, besser pflegen müsse. Pflegen heißt für Sie, darüber reden, darüber schreiben oder Broschüren produzieren. Es kann auch bedeuten, das eine oder andere in lustiger Form, aber in einem Rahmen getrennt von den Arbeitsprozessen, schon mal an- und auszusprechen. Sie sollten es nicht versäumen, Veränderungsbewegungen durch verschärften Input von dieser Seite *neuen Auftrieb in eine andere Richtung* zu geben.

Das richtige Timing ist hier fast alles. Alte Traditionen brauchen neue Nahrung, und Change-Agent und Change-Manager brauchen Orientierung und sehen das positiv. Die ahnen nicht, dass Sie damit genau die alten Sitten und Gebräuche zu neuem Leben erwecken, die in der Lage waren, das Unternehmen in den verkrusteten Zustand zu führen. Die Veränderer wollen die Paradigmen verändern und Sie wollen die alten Paradigmen anpassen. In Worten ist das ein harmlos klingender, in der Wirklichkeit jedoch ein gravierender Unterschied. An der Schnittstelle zwischen den beiden Denkweisen könnten Sie gute Fortschritte mit der Methode erzielen, gute alte Traditionen an neue Programme anzudocken. Schließlich muss die Organisation auch mal wieder zur Ruhe kommen.

Hinweis für angehende Change-Agents

Es gibt viele alte Traditionen und Tugenden, die unternehmerisch wichtig und beim Veränderungsmanagement zielführend sind. Bloß sind es meist nicht die häufigsten und meistzitierten alten Tugenden. Statt Sicherheit und Perfektion sind mehr und mehr Risikoverantwortung und Lernfähigkeit gefragt. Fleiß hat hingegen immer noch seinen Stellenwert, aber Fleiß ist eine leere Hülse ohne Wert, wenn nicht eine Tugend ihn lenkt. Ohne dieselbe, so lehrt die Geschichte, kann Fleiß Verwüstungen grausamen Ausmaßes anrichten. Man kann dies leicht testen, indem man einer ganzen Abteilung die Aufgabe überträgt, innerhalb kürzester Zeit die ISO 9 000 umzusetzen ...

Üben Sie nonverbale Botschaften

Sie wissen, zu den nonverbalen Botschaften gehören die Tonalität Ihrer Stimme, die Stimmführung, die Geschwindigkeit, mit der Sie sprechen, sowie die Stimmlage. Außerdem der Gesichtsausdruck, der Ausdruck der Mundwinkel, der Blick, die Kopfhaltung, die Haltung der Hände und des Rumpfes. Und es gibt noch etwas, worauf Sie noch nicht so richtig geachtet haben: die Atmung. Letztere verursacht eine subtile unbewusste Wahrnehmung bei Ihren Gesprächspartnern. Wenn Sie tief, ruhig und bedächtig atmen, hat dies eine ebenso entspannende Wirkung auf Ihr Umfeld. Fangen Sie aber an, leicht nervös zu hecheln, wird dies in Ihrem Umkreis den Pegel der Stresshormone langsam steigern und nach und nach das kreative Denkvermögen ausschalten.

In die gleiche Richtung wirken auch andere Stresssignale. Ihr ständiger Blick nach unten auf Papier und Tisch, eine starre und mittige Kopfhaltung, ein leises verächtliches Verziehen der Mundwinkel bei bestimmten Argumenten, ein kurzer nervöser Ruck des Kopfes und ein Hilfe suchender Blick bei der Wahrnehmung bestimmter Veränderungsstichworte, das unaufmerksame Nesteln am Papier sind nur einige wenige Beispiele hierfür.

Zur nonverbalen Ablehnung wirklich neuer Ideen taugen folgende Verhaltensformen: laut auflachen, leise vor sich hinkichern und bei eventuellen Nachfragen („Warum lachen Sie denn jetzt") einfach sagen: „Nicht wichtig, ich habe gerade an etwas anderes gedacht." Es ist nicht die verbale Botschaft, die zählt, es ist die nonverbale Botschaft, die viel wirksamer ist und ein ungutes Gefühl hinterlässt. Ihr Lachen bedeutet in dem Fall nicht Akzeptanz und Freude, sondern Auslachen und Unbehagen. Die meisten Menschen wissen zwar kaum, was vom wissenschaftlichen Standpunkt her gesehen eine Übersprungshandlung ist, aber sie wissen sehr genau, das Original von einer Übersprungshandlung im Kontext zu unterscheiden und sie dementsprechend einzustufen. Die abwertende Botschaft wird also ankommen. Eine andere Möglichkeit besteht darin, dass Sie einfach ein Gespräch mit Ihrem Nachbarn anfangen, ihm ein paar wichtige Notizen zustecken, nach der Uhr schauen oder einfach gähnen. Sie werten durch die gezielte Verdichtung von Signalen der Unaufmerksamkeit das Gesamtvorgehen ab.

Merke: Lachen ist ansteckend, Nervosität ist ansteckend und Gähnen auch. Was Sie damit in einer Gesprächsrunde anrichten, kann unser Change-Agent nie wieder auffangen, er müsste überziehen, er müsste laut werden, er müsste abbrechen und wenn er es tut, ist es ein Eingeständnis des Unvermögens und der Inkompetenz seiner Person oder seines Konzeptes.

Jetzt achten Sie mal auf Ihren Kopf und auf Ihre Stimme. Wenn Sie Ihren Kopf zur Seite neigen, bedeutet dies in der Regel Aufnahmebereitschaft und Flexibilität. Dieses Signal ist angebracht, wenn Sie einen Anknüpfungspunkt für alte Traditionen entdecken; hingegen nie, wenn etwas Neues in einem zielführenden Maßnahmenpaket auftaucht. Da sollten Sie schnurstracks einen steifen Nacken machen, um den anderen damit zu signalisieren: „Achtung, Stress, gleich gibt's einen Hieb von hinten." Wenn Sie nicht glauben, dass diese Urinstinkte funktionieren, dann probieren Sie es einfach aus.

Denken Sie auch bitte an Ihre Stimme, kommentieren Sie nie Veränderungskonzepte mit einer Stimme der Flexibilität, d.h. einem fragenden Stimmmuster, in dem die Stimme zwischen Höhen und Tiefen wechselt und melodisch klingt. Das signalisiert nämlich Aufmerksamkeit, Aufnahmebereitschaft, Neugier. Gehen Sie lieber auf Nummer Sicher, verwenden Sie die Glaubwürdigkeitsstimme: Sie ist monoton, tiefliegend, brummend, gequetscht oder mit vielen „Äh's" und „Ehmh's" vermischt und am Ende im Stimmduktus abfallend, wie ein Befehl. Die Inhalte sollten dabei natürlich Kritik am Konzept sein bzw. Ihre eigene Position darstellen.

Und noch etwas, machen Sie mit den Händen so wenig wie möglich, vermeiden Sie dieses Gefuchtel, diese aufdringliche Art, überzeugend wirken zu wollen, indem man noch mit den Händen in der Luft herumgreift und virtuelle Gegenstände auf andere schleudert oder ihnen irgendwelche Waffen aus der Hand entwendet. Benutzen Sie manuelle Gesten sparsam, behalten Sie die Hände in Ihrem individuellen Territorialbereich, d.h. bis zu 30 Zentimeter von der Körpermitte entfernt, und wenn Sie schon mit den Händen herumfuchteln wollen, dann verwenden Sie beide synchron. Das drückt Integrität aus, konzeptionelles und strukturiertes Vorgehen und vermittelt der Zuhörerschaft, dass Überlegungen und damit „Überlegenheit" hinter Ihrer Position stehen. Die richtige Handbewegung in Bezug auf geplante Veränderungen ist die, beide Handflächen nach vorne wie zur Abwehr zu erheben, versehen mit der Bemerkung: „Nein, nein, ich wollte Sie nicht unterbrechen, machen Sie nur weiter." Wichtig ist, dass Sie der Gruppe demonstrieren, dass das Thema so unschön oder falsch ist, dass es Ihre Hände niemals anfassen würden.

Nonverbale Botschaften gibt es noch viele mehr, Sie werden hier sicher Ihren individuellen Weg finden, um nicht aufgesetzt zu wirken. Wenn Sie das eine oder andere hier Vorgestellte noch nicht kannten, dann sollten Sie von den Veränderern ein Motto übernehmen: „Machen, lernen, besser machen". Aber bitte auf keinen Fall noch ein weiteres Motto dazulernen – es könnte anfangen, Ihnen zu gefallen!

Hinweis für angehende Change-Agents

Es ist noch kein Schauspieler vom Himmel gefallen, integrierte Persönlichkeiten aber allemal – als Kinder. Beachten Sie, was Sie mit integrierter Kommunikation erreichen können, nämlich das Entstehen, Aufgreifen und Weiterdenken von Ideen und deren konstruktive Umsetzung! Wir reden so viel von Innovation und innovativen Produkten. Die Wirklichkeit lehrt uns, dass es nur eines gibt: innovative Menschen. Nicht die Worte an sich, sondern unser Verhalten anderen gegenüber ist es, das Ideen hervorruft und fördert, und dieses Verhalten ist trainierbar. Wir sollten uns viel öfter darin üben, da es auch gleichzeitig die vornehme Kunst der Kreativität in uns selbst aktiviert.

Versuchen Sie,
nicht alles zu beurteilen

Nein wirklich, Sie sprechen ja nur die Wahrheit aus. Wie soll denn ein Mensch imstande sein, alles beurteilen zu können. Das ist doch logisch. Ihre Ehrlichkeit und Offenheit sind anerkennenswert und was ist jetzt hier das Feine dran? Ganz einfach: Sie beurteilen nichts, also entscheiden Sie auch nichts. Sollten andere eine Entscheidung ohne Ihre Beurteilung treffen wollen, laufen sie in ein unkalkulierbares Risiko. Dafür müssen Sie jetzt wieder sorgen! Entscheidungen von anderen können Sie natürlich nicht mittragen, denn Sie waren nicht richtig einbezogen ...

Haben Sie den Mehrwert erkannt? In 50 Prozent der Fälle wird keine Entscheidung getroffen werden, falls Sie ganz deutlich sagen, dass Sie etwas nicht beurteilen können. Sie sind inzwischen ja ein Kommunikationsexperte oder eine Kommunikationsexpertin geworden und benutzen Ihre nonverbale ablehnende Grundstimmung. Egal, ob Sie den Kopf schütteln, einen unwirschen Ausdruck aufsetzen oder die Stirn in Falten legen: Jeder weiß, dass eine Entscheidung an sich Sie „verletzen" müsste, und das ist ein zu großes Risiko in einem Verband von Menschen, der den Anspruch erhebt, ein gut funktionierendes Team zu sein. Nicht umsonst haben Sie Teamentwicklungsmaßnahmen begrüßt, um der allgemeinen Harmonieorientierung einen neuen Anstoß zu geben. Mit dem einfachen Satz, dass Sie etwas nicht beurteilen können, schleichen Sie sich auch aus jeder Verantwortung. Keiner kann Sie hinterher wirklich in die Pflicht nehmen.

Die Change-Manager werden Ihren Schachzug sofort als Empowerment für die eigene Seite interpretieren wollen, aber da machen Sie ihnen schnell einen Strich durch die Rechnung. Wenn Sie etwas nicht beurteilen können, heißt dies noch lange nicht, dass andere es können! Da ist doch eher folgende Frage zu stellen: „Was qualifizirt einen Menschen dazu, richtige Urteile zu fällen?" Das hat etwas mit sozialer Kompetenz, mit Reife, Erfahrung und Alter zu tun. Na, sehen Sie, da sind wir wieder mitten in Ihrem Kompetenzbereich. Es lässt sich eben nicht alles so einfach verbuchen, wie sich unsere Change-Agents das immer vorstellen. Schlechte Karten haben Sie allerdings dann, wenn die Change-Agents mit ihrer Veränderungslogik sehr konsequent umgehen und Ihnen bedeuten, dass dieses Thema mitnichten zur Befragung anstünde, sondern dass hier eine unternehmerische Entscheidung anstehe. Wenn der Blick des Change-Agents etwas spöttisch in die Runde schweift und er die Botschaft aussendet „Ich suche eigentlich Leute, die bereit sind, unternehmerische Entscheidungen zu fällen und keinen Katasterverwalter", ist die Gefahr groß, dass er die Lage unter Kontrolle hat. Die Nichtentscheidungsfalle, die Sie aufgebaut haben, ist dann zu einem Großteil entschärft.

Da Sie jedoch wendig, flexibel und erfahren sind, gelingt Ihnen sicher schnell der Anschluss mit: „Nein, nein, da haben Sie mich gründlich missverstanden!" Das tun Sie, nicht ohne diesen Satz mit hoch erhobenen und abwehrend gegen den Change-Agent ausgestreckten Händen nonverbal zu unterlegen …

Im Anschluss an diesen Dialog steht Ihnen das Recht zu, Missverständnisse aufzuklären. Das kann lange dauern. Vielleicht müssen auch noch ein paar Besprechungen mehr angesetzt werden, um eine gemeinsame Verständnisgrundlage aufzubauen. Diese Besprechung reicht nun wahrscheinlich zeitlich nicht mehr aus. Außerdem sollten Sie vielleicht daran denken, andere Personen hinzuzuziehen, die die Sache besser beurteilen können. Machen Sie doch bis zur nächsten Sitzung Vorschläge von ein paar Verbündeten, die genauso kompetent kommunizieren wie Sie selbst, und diskutieren Sie diese Namen beim nächsten Mal. Lassen Sie sich auch hier keine Zeitverkürzung einreden: Alle müssen miteinander diskutieren, ob bei der übernächsten Sitzung X oder Y dabei sein sollten. Schließlich sind wir demokratisch und nicht Sie sind es, der aus vordergründigem Zeitdruck dem Team seinen Willen aufschwatzen möchte ... Nur alle gemeinsam können ein Problem *beurteilen*.

Hinweis für angehende Change-Agents

Welche Qualitäten hat eine moderne Führungskraft? Viele. Aber drei Kernelemente sollte sie aus dem Effeff beherrschen: Orientieren – Entscheiden – Handeln. Als Vorbilder haben wir die Pflicht, diese Fähigkeiten zeit- und ergebnisorientiert vorzuleben. Wo sonst können sich Mitarbeiter unternehmerisch weiterentwickeln, wenn nicht im Unternehmen selbst. Die Bildungsangebote vor dem Eintritt ins Berufsleben vermitteln unternehmerische Kompetenz nur hinter vorgehaltener Hand. Beurteilen kann man alle Situationen sehr rasch und sehr sicher, wenn man orientiert ist und seine Handlungsziele kennt. Dann wird Entscheiden zu einer Tageshandlung.

40.

Führen Sie konsequent

Womit sollten Sie konsequent führen? Antwort: mit „Double-bind". Hinter diesem Begriff verbirgt sich das altbekannte Katz- und Mausspiel oder das noch ältere Zuckerbrot und Peitsche, wobei Sie darauf achten sollten, dass Sie in den *gleichen* Situationen einmal das Zuckerbrot und einmal die Peitsche herausziehen – dann erst haben Sie den vollen Mehrwert aus Double-bind. Dadurch vermeiden Sie nämlich Persönlichkeitsentwicklung und Weiterbewegung. Sie stabilisieren die Organisation und schaffen ein Beziehungsgeflecht, das von Ihren feinsten Regungen abhängig wird.

Das obige Prinzip braucht nicht näher ausgewalzt zu werden, es erklärt sich von selbst. Viel subtiler ist es, im Sinne der Zeitersparnis beim Double-bind in *ein und der gleichen Situation* wirksam zu sein. Wie das geht? Als Beispiel für ein Mitarbeitergespräch empfiehlt sich folgende Bemerkung: „Nein, nein, ich schätze Ihre Beiträge zu unserem Team sehr, das ist nicht das Problem." Dabei gucken Sie auch in negativer emotionaler Grundstimmung mit gesenktem Haupt auf dem Tisch herum und schütteln zu dem „Nein, nein" den Kopf. Beim Adressaten wird folgender innerer Dialog ausgelöst, weil Sie ihm nämlich die nonverbale Botschaft vermittelt haben: „Im Grunde mag er mich nicht und braucht mich gegen seinen eigenen Willen. Was genau ist es, das ich tun muss, damit er seinen Kopf hebt, mich dabei anlacht und seine Wertschätzung zeigt?" Darauf wird es in diesem Gespräch und in weiteren Gesprächen nie eine richtige Antwort geben. Der Mitarbeiter wird ständig auf der

Suche nach dieser Antwort sein, kann sie aber nicht finden, weil die geschickt aufgebaute Diskrepanz zwischen nonverbaler und verbaler Botschaft dies verhindert.

Oder Sie machen es anders herum, Sie schicken die positive Botschaft über den nonverbalen Kanal und die negative über den verbalen. Sie sagen z.B., indem Sie dem Mitarbeiter fest in die Augen schauen und ein Lächeln über Ihre Lippen gleitet: „Also das, was Sie neulich an Beitrag geleistet haben, dass kann's ja wohl nicht gewesen sein!" Dabei wirken Sie durchaus freundlich. Na, dem Zeitgenossen wird ein kalter Schauer den Rücken herunterlaufen und er wird die ganze Zeit, die er mit Ihnen in dieser Firma arbeitet, damit verbringen, herauszufinden, wie er es anstellen muss, damit Sie ihm freundliche Dinge mit einem freundlichen Gesicht und Ton und ärgerliche Dinge mit einem ärgerlichen Gesicht und Tonfall sagen – kurz, wie es ihm möglich ist, dass Sie ehrlich zu ihm sind.

Das wünscht sich jeder Mitarbeiter. Warum können Sie ihm diesen Gefallen nicht tun? Weil er nach einer solchen kongruenten Botschaft nämlich orientiert wäre und viel besser wüsste, was er zu tun und was er zu lassen hat. Vor allem besteht die Gefahr, dass er eigene Wege und Ideen entwickelt, wie man innerhalb eines von Ihnen gesetzten Orientierungsrahmens Ziele verwirklichen kann. Das würde tatsächlich Bewegung und Veränderung bedeuten, möglicherweise Lernen und die Schaffung von Wissen.

Insbesondere selbst geschaffenes Wissen ist suspekt, denn es macht unabhängig, und wie soll man dann noch Mitarbeiter führen ... Also üben Sie ein bisschen und verwirren Ihre Change-Agents auf die oben skizzierte Art und Weise. Sie werden immer an Ihnen kleben, immer versuchen, an Sie heranzukommen. Dies gibt Ihnen die Gelegenheit, die sozialen Prozesse in der Firma zu steuern. Zu weit dürfen Sie es aber nicht treiben. Es soll sensible Menschen geben, meist sind dies die Begabten und Kreativen, die auf Doublebind mit Magengeschwüren, Herzrasen und Schlaflosigkeit reagieren. Deren Steuerungspunkt sollten Sie herausfinden und rechtzeitig einhalten. Denn eine Erhöhung des Krankenstandes kann auch nicht in Ihrem Interesse sein.

Hinweis für angehende Change-Agents

Double-bind ist bei weitem kein bewusstes Ereignis. Es entsteht häufig automatisch, wenn wir selbst nicht orientiert oder entschieden sind. Über diesen unbewussten Kanal unserer eigenen Unsicherheit laufen die Botschaften und orientieren andere, ohne dass wir dies (wie oben) gezielt beabsichtigen.

Wer uns helfen kann, kongruent zu werden, sind unsere Mitmenschen mit ihrem aktiven Feedback. Die Aufforderung an Mitarbeiter, der Führungskraft Feedback zu geben, ist der entscheidende Verbesserungsansatz in diesem Spiel. Denn dadurch werden Ungereimtheiten dieser Art schnell aufgelöst. Anfangs ist es bloß die Angst vor dem Neuen, die eine Akzeptanz solcher Maßnahmen verhindert, und nach einer kurzen Zeit ist es wie mit dem Handy: Alle wollen es und keiner gibt's mehr her. Der Wert für einen selbst wird plötzlich erlebt.

Arbeiten Sie an Ihrer persönlichen Vision

Viele Unternehmen erarbeiten sich in diesen Tagen Visionen ihrer Zukunft, auch Unterbereiche von Unternehmen tun dies und selbst Abteilungen fangen damit inzwischen an. Das Beispiel macht Schule. Warum sollten Sie nicht auch einmal konsequent an Ihrer persönlichen Vision arbeiten und sie ganz offen im Sinne und Stile der neuen Zeit den Zeitgenossen kommunizieren. Es muss ja nicht gleich die Version sein, die Sie wirklich verfolgen. Es kann ja auch eine ganz andere Vision sein, eine Vision, die Veränderungsmanager Ihnen gegenüber in trügerischer Sicherheit wiegt. Die Change-Agents sollen ruhig meinen, mit Ihnen hätten Sie leichtes Spiel, bis sie merken, dass Sie immer wieder an die Macht des Faktischen stoßen, die von Ihnen ausgeht.

Wie wäre es denn mit einer Frühpensionierungslegende? Setzen Sie doch frühzeitig ein Bild in die Welt, das besagt: „Frühpensionierung ist chic und ich mache auch bestimmt nicht länger, als bis ich 55 bin. Aber dieser Prozess hier erfordert eben meine allerhöchste Aufmerksamkeit." Wenn die Empfänger dieser Botschaften sie richtig zu interpretieren verstehen, dann heißt das, dass das Unternehmen schauen sollte, Sie möglichst schnell, solange Sie noch billig genug sind, aus dem Prozess zu entfernen. Andererseits besitzen Sie aber auch ein gewisses Quantum an Macht, welches ja sehr sinnvoll wäre, wenn Sie es dem Prozess zur Verfügung stellen würden. All dies führt dazu, dass man nicht gleich im ersten Schritt auf Sie zukommt und Ihnen ein Angebot macht. Das wissen Sie und haben dies miteingeplant. Schließlich wollen Sie ja den Preis für Ihre Frühpensionierung möglichst in die Höhe treiben.

Das Spielchen geht also weiter. Lassen Sie in den entscheidenden Momenten ein paar Dinge fallen und durchsickern, die der anderen Seite den Eindruck vermitteln, dass Sie in einem Stadium angekommen sind, wo Sie zwar bemüht sind, die Neuzeit zu unterstützen, in dem Sie sich aber durch Ihr in Ihrem Sinne wohlmeinendes, de facto aber obstruktives Verhalten langsam zum Risiko gemausert haben. Wichtig ist, dass Sie gezielt irgendwelchen Blödsinn streuen, z.B. dass Sie beabsichtigen, sich in die Geschäftsleitung versetzen zu lassen, oder dass Ihnen im Grunde nichts passieren kann oder (die größte Lüge), man braucht Sie überall, Sie können einfach nicht gehen usw. Dann sollten Sie sich noch irgendeine Merkwürdigkeit einfallen lassen, die Sie gezielt in immer kürzeren Abständen bei unpassenden Gelegenheiten vorbringen. Etwa ein irrwitziges Kichern in bestimmten Momenten der Geschäftsleitungs- oder Abteilungssitzung oder eine Standardform eines irrationalen emotionalen Ausbruchs. Dabei ist der Wiederholungscharakter entscheidend.

Die Umwelt wird nämlich daraus schließen, dass bei Ihnen eine zunehmende Fixierung auf bestimmte Verhaltensmuster und eine Erstarrung eingetreten sind, die durch Argumente auch nicht mehr aufgebrochen werden können. Irgendwann fängt irgendjemand an darüber zu reden, natürlich, ohne dass Sie es merken, und so langsam beginnen sich andere um Sie herum Gedanken zu machen, wie man Ihnen sinnvoll helfen könnte und wie man den Veränderungsprozess von Ihnen fernhalten kann, da er Sie offenbar belastet.

Es ist der Personalchef, der dann auf Sie zukommt, und mit Ihnen vorsichtig ein Gespräch über Ihre weitere persönliche Zukunft führt. Jetzt ist es endlich soweit, das Angebot auszusteigen konkretisiert sich irgendwo. Wichtig ist bloß, dass zu diesem Zeitpunkt der Nervenkrieg um Ihre Funktion und Person subkutan bereits so perfekt geführt wurde, dass jedes Abfindungsangebot über dem liegen muss, was Sie sich in Ihren kühnsten Träumen erhofft haben. Erst dann haben Sie eine ausreichende Verhandlungssicherheit, Ihre Zukunft erfolgreich zu gestalten.

Merke: Der Trick, sich bei Besprechungen gegenseitig Wollknäuel zuzuwerfen, um vernetztes Denken zu demonstrieren, gehört zu den bereits bekannten Methoden und ist wirkungslos. Dieser und ähnliche Tricks führen meist zur Einschaltung von Fachkräften der Seelenheilkunde. Die ganze Aktion kann ein bis zwei Jahre lang dauern, lassen Sie sich nicht in Zeitbedrängnis bringen. Eine Vision umzusetzen, und insbesondere eine persönliche Vision, ist ein spannendes, motivierendes und faszinierendes Prozedere.

Hinweis für angehende Change-Agents

Als Erfahrungsträger haben Sie in Wirklichkeit ganz andere Qualitäten, um dem Unternehmen von Nutzen zu sein, gerade an der Frühpensionierungsschwelle. Kreativität und Veränderungsfreude sind überhaupt keine Frage des Alters. Diese immer wiederkehrende Schutzbehauptung glaubt keiner mehr, seitdem fast wöchentlich Andrej Kostolany und andere Protagonisten seines Kalibers die deutsche Fernsehlandschaft verunsichern. Es gibt derart viel aus der Vergangenheit zu lernen, und die persönliche, höchst befriedigende Vision, sich dieser Aufgabe intensiv zu widmen und sich als Lernmanager zu profilieren, haben bereits einige wenige entdeckt. Leider noch viel zu wenige. Alle reden vom Junior Management Council. Warum gibt es kein Senior Experience Bord?

Scheuen Sie keine noch so drastischen Vergleiche

Vergleiche sind immer gut. Sie beinhalten starke Bilder und wechseln in meist völlig unzulässiger Weise die Analogieebene. Dann prägen sie sich unwiederbringlich ein, schon allein deswegen, weil jeder unbewusst spürt, dass hier ein Ebenenbruch vorliegt. Kaum jemand ist jedoch in der Lage, dies im Moment der Aufnahme zu analysieren und den Vergleich ad absurdum zu führen. Dazu braucht man ein schnelles Mundwerk und einen blitzgescheiten Kopf. Wer hat das schon alles immer beieinander …

Wählen Sie ruhig auch drastische Vergleiche. Z.B. könnten Sie sagen: „Irgendwie kommt mir das vor wie ein bisschen schwanger!" Geeignet ist auch die Metapher: „Jetzt wollen wir doch um Himmels willen nicht den letzten Schritt vor dem ersten tun", um als ersten Schritt dann eine Abstimmungsprozedur einzuleiten, die das vorliegende Thema vor dem nächsten Schritt bewahrt.

Oder Sie machen Anleihen in der Antike: „Berge haben gekreißt und heraus kam eine Maus …" oder „Passen Sie bloß auf, dass Sie damit nicht Eulen nach Athen tragen, die anderen wissen das schon längst!" Natürlich wissen die anderen noch gar nichts, aber das wissen nur Sie. Oder der leicht resignative Kommentar: „Ja, ja, eine Reise über tausend Meilen beginnt immer mit dem ersten Schritt. Wissen Sie, da ist schon etwas Wahres dran, aber wir müssen mit unseren Geschäftsergebnissen ein bisschen schneller sein." Das zustimmende Gemurmel der anderen Verantwortlichen steht Ihnen zu und ein schmerzhaftes Grinsen des Change-Agents verrät Ihnen, dass Sie ihn oder sie erwischt haben. Er oder sie wird natürlich hilflos rudernd versuchen, Ihnen klar zu machen, dass bei seinem/ihrem Konzept alles ganz schnell geht und hoch effektiv ist – und schon wird es heißen: „Ja sicher, da waren schon ein paar vor Ihnen da, die haben uns das auch erzählt." (Was sogar stimmt.) Den weiteren Fortgang können Sie sich in mehreren Varianten vorstellen, aber Sie können sicher sein, dass der Zug jetzt auf Ihrem Gleis rollt – in Richtung Prellbock.

Hinweis für angehende Change-Agents

Es soll ja auch positive Metaphern geben, Vergleiche, die Mut machen. Warum nutzen Sie nicht noch einmal das Kaminfeuer, ziehen Lichtenberg, Marc Aurel, Lao Tse und andere aphoristische Philosophen zu Rate, um den Vorrat Ihrer kernigen Metaphern in eine veränderungsfreundliche Dimension auszuweiten. Vielleicht macht Ihre Marketingabteilung sogar einen neuen Bildschirmschoner für alle im Unternehmen daraus und hinterlegt Ihre Sichtweise mit Bildern ...

Reden Sie nicht immer von sich

Das haben Sie gar nicht nötig, denn es gibt noch so viele andere virtuell Anwesende in Ihrer Organisation. Sätze wie „Man hat sich dafür entschieden, dass" oder „Der Bereich ist der Ansicht" oder „Wir waren uns doch einig" oder „Die Abteilungen sehen das anders" bauen eine gigantische Front auf. Plötzlich steht eine anonyme Abteilung, ein ganzer Bereich, eine undefinierbare allgemein gehaltene Größe, ein unfassbares „Wir" gegen ein Konzept.

Sie haben dadurch in der Phantasie der Anwesenden das Gewicht Ihres Arguments durch einen Kunstgriff verstärkt. Man kann es Kommunikation nennen oder auch Betrug an der Wirklichkeit. Wenn der Change-Agent eine gute Kommunikationsausbildung hat, dann kontert er sofort mit den Präzisionsfragen: „Wer ist *wir*?", „Wer ist *man*?", „Wie heißt er mit Vornamen, wie heißt er mit Nachnamen, wie groß ist er, hat er schwarze Haare und welchen Dialekt spricht er?" Dann lachen die anderen und Sie sind entlarvt.

Um dem vorzubeugen, ist es wichtig, dass Sie beim Sprechen des Satzes auf Ihren Stimmmodus achten. Legen Sie nicht zu viel Betonung in diese generalisierenden Worte, wie *man, wir, der Bereich*. Lassen Sie sie schnell und undeutlich ausgesprochen in den Satzduktus mit einfließen, dann fällt es gewiss nicht sofort oder so stark auf, dass Sie gerade mit dem Unterbewusstsein Ihrer Zuhörerschaft spielen. Wieso Unterbewusstsein? Nun, es ist bekannt, dass Verallgemeinerungen und hohe Abstraktionsgrade geeignet sind, Menschen in einen Trancezustand zu versetzen. Gebannt folgt man den Worten des Redners, bis man anfängt, langsam abzuschalten. Politiker beherrschen dies und hier ist es positives Feedback für den Redner, wenn er das Schnarchen aus der ersten Reihe hört. Der Inhalt der Rede soll ja in diesem Ambiente möglichst kritiklos verschnarcht werden und Zustimmung durch die Erleichterung durch das Redeende finden.

So weit wie die Politiker brauchen Sie nicht zu gehen, es reicht schon, wenn Sie auf der Ebene der Generalisierung die Spuren verwischen, die zu konkret diskutierbaren Punkten führen könnten. Sie streuen dadurch einfach irgendeine Art von Stimmung, die ein Gefühl von Bedürftigkeit erzeugt. Alle haben den Eindruck, den Aussagen oder Darstellungen ihres Gegners würde etwas fehlen, und er selber ist verwirrt. Er selbst hat auch diesen Eindruck und kann das fehlende Bindeglied nicht liefern. Was tatsächlich in diesem Moment fehlt, ist die konkrete Information und Präzisierung, wer genau mit „wir" gemeint ist und „wer" „wann", „was", in „welcher Form" zu „wem" darüber gesagt hat. Genau das wollen Sie ja nicht sagen. Diese Informationsunschärfe geht gewissermaßen als eine Art Gewissheit der Verunsicherung in den Köpfen der Anwesenden um und kann oft schwierig aufgelöst werden, außer es hagelt von Seiten des Change-Agents eine Batterie von Präzisionsfragen.

Viele so genannte Change-Agents sind aber nur unzureichend ausgebildet. Daher ist dieser Fall wenig wahrscheinlich. Tritt er trotzdem ein, so ist er dennoch zu bewältigen. Sie müssten sich dafür nur ein paar gute Redewendungen einfallen lassen. Wie z.B.: „Gute Frage! Ist mir gerade auch aufgefallen." Oder Gegenfragen: „So genau wollte ich das eigentlich nicht sagen, aber ich sehe, wir verstehen uns schon!"

Hinweis für angehende Change-Agents

Nehmen wir (wer ist hier „wir"!!!) einmal an, Sie zählen sich zu den Protagonisten der Zukunft Deutschlands und haben vor, den Standort in Bewegung zu bringen. Dann wäre es sicher hilfreich, genauer zu beschreiben, wer genau, wann genau, womit genau und für genau welches Ziel seine Ressourcen verbrät. Nur so lässt sich auch Übereinstimmung finden, wie die uns (wer ist hier bitte uns!!!) bevorstehenden Aufgaben erfolgreich abgewickelt werden können.
Präzision ist nicht zu verwechseln mit Perfektion. Nur auf allen Ebenen präzis beschriebene Ziele führen zu den erwünschten Ergebnissen, denn jeder kann in dem Maße erfolgreich sein, wie er das Ziel beschreiben kann. Präzision ist eine unabdingbare Tugend des Fortschritts.

Bringen Sie die Dinge auf den Punkt

Eigentlich sind Sie ja derjenige, der wirklich etwas zu sagen hat. Das sollten Sie sich wirklich immer vor Augen halten, denn eigentlich liegt ja die Erfahrung bei Ihnen. Was die Change-Agents wirklich wollen, ist eigentlich bloß, sich selbst darzustellen, sie wollen nicht wirklich eine Veränderung. Was heißt denn eigentlich Veränderung. Veränderung heißt doch, dass die Dinge endlich einmal bei der Wurzel angegangen werden, damit wirklich etwas passiert. Eigentlich waren es ja Sie, der das schon immer gesagt hat, aber Sie durften nie wirklich etwas tun. Was habe ich jetzt eigentlich gesagt?

Wenn Sie Ihr spontanes Talent noch nicht erkannt haben, die beiden Zauberwörter zur Vernebelung von Entschlossenheit, nämlich „eigentlich" und „wirklich" zu verwenden, dann wollen wir dies in diesem Kapitel nachholen. Alleine gebraucht wirken sie schon wie Rhizin, das leise Gift geistiger Lähmung des ehemaligen rumänischen Geheimdienstes. Es entfaltet seine Wirksamkeit erst lange, nachdem das Opfer davon eine Minidosis aufgenommen hat. Stunden, nein, Tage später beschleicht die Teilnehmer einer Besprechung das Gefühl, dass durch das Meeting *eigentlich* mal wieder nichts *wirklich* erreicht wurde. Nein, man sollte es auf den Punkt bringen, es wurde *wirklich* mal wieder *eigentlich* nichts erreicht. Was lösen diese fatalen unbewussten Zauberwörter aus? Jedes für sich allein genommen, ist bereits gefährlich lähmend, aber im Zusammenhang mit Inhalten und Aussagen wirken die beiden Worte fast immer vernichtend.

Mit dem Wort *eigentlich* stellen Sie einen rasch wirkenden Bezugsrahmen auf die „eigene" Person her. Unser Unterbewusstsein macht sich in diesem Moment alles, was vorher an Bildern und Wahrnehmung aufgebaut wurde, zu Eigen. Die Zuhörer fangen an, sich in diesem Moment etwas mehr selbst zu spüren, wenn auch nicht in der Sphäre ihres Bewusstseins. Wenn Sie jetzt noch das Wörtchen „wirklich" hinterherschieben, werden die vorher auf das Unterbewusstsein abgebildeten Vorgänge in den Status einer getätigten Realität gehoben. Damit löst sich für unseren unterbewusst arbeitenden Handlungsgenerator das Spannungsfeld zwischen Soll und Ist auf und zurück bleibt ein lähmendes Gemisch aus eigentlich und wirklich, welches an den Bildern der vorangegangenen Präsentation klebt.

Noch etwas kommt dazu, wenn Sie solche Sätze produzieren wie: „Eigentlich haben wir's uns jetzt mal wirklich angeschaut." Sie erzeugen nicht nur diese im Nachgang lähmende Betroffenheit mit dem Gefühl: Es ist ja bereits alles geschehen, sondern Sie vermitteln Ihrer Runde auch noch den Eindruck, als hätten Sie von dem Thema nun auch selbst geistig Besitz ergriffen. Als ob sich diese Gedankenwelt von selbst ordnen würde. Wichtig ist, dass hinter den Gedanken nichts mehr her treibt, etwa ein kindlicher Verwirklichungsdrang. Nein, wirklich!

Wenn Sie jetzt einen Change-Agent als Gegner haben, der die Batterie von Präzisionsfragen nicht gut kennt und dann zu Ihnen mit einer ähnlichen Gegenfrage kommt („Was haben Sie jetzt hier eigentlich gesagt?"), dann sollten Sie sofort die Ebene wechseln und die Gegenfrage stellen: „Sagen Sie mal, was meinen Sie jetzt mit *eigentlich* wirklich!?" Kapiert? Also ran an die Sprache!

Hinweis für angehende Change-Agents

Das Schatzkästlein der Sprache gilt es in diesen harten Zeiten bewusst wieder zu entdecken. Manch einer sagt, es sei keine Kunst, Sprechblasen zu machen, und ich sage: „Doch, es ist eine Kunst." Die Qualität einer Sprechblase misst sich daran, ob sie handfest ist. Sie darf nicht gleich zerplatzen, wenn man sie einmal hart anfasst, sie muss wasserdicht und wetterresistent sein. Nur dann verdient sie es, in unser Schatzkästlein aufgenommen zu werden.

Auch ich ertappe mich selbst immer wieder im Gebrauch der beiden Zauberfloskeln „eigentlich" und „wirklich". Nicht immer kann man es sich leisten, konkret und präzise zu sein. Wir wollen ja die Wirklichkeit so machen, wie es sich in den Träumen unserer Visionen und Ziele ausnimmt. Und genau diese sind, vom Standpunkt der Evolution betrachtet, unser USP, also unser Hauptargument gegenüber der restlichen Tierwelt. Warum sollten wir also nicht „Ernst" damit machen, die „eigentliche Wirklichkeit" zu erschaffen, um damit unserer „wirklichen Eigentlichkeit" zum Durchbruch zu verhelfen, nämlich einer Persönlichkeit, die ohne Floskeln auskommt?

Holen Sie die Meinung Ihres Vorgesetzten ein

Dieses Kapitel und das nachfolgende sind untrennbar miteinander verbunden, sie bilden einen gemeinsamen Prozess – den Prozess der Meinungsbildung.
Der erste Schritt wird hier beschrieben. Er lautet: Holen Sie die Meinung Ihres Vorgesetzten ein. Jetzt ist es natürlich wichtig zu wissen, wie der wiederum zu seiner Meinung kommt.

Nun, er hat gelernt, offen zu sein, er muss zuhören, er muss relativieren und soll gegebenenfalls seine Einwände artikulieren. So lauteten zumindest die Grunderkenntnisse aus seinem letzten Führungskräfteseminar „Partizipatives Führen". Er hat also gelernt, seine Meinung zunehmend aus seinem Umfeld aufzunehmen. Dazu gehören auch Sie und darauf setzen Sie. Ihr Ziel muss es sein, Ihren Vorgesetzten zu verunsichern, damit die Rückendeckung für die Aktivitäten von Change-Agents auseinanderbricht. Wie schafft man das, ohne aufzufallen? Bestimmt nicht, indem Sie zu ihm gehen und ihn ganz deutlich warnen. Dieses wird ihn eher in seiner Ansicht bestärken, dass Sie ein ängstlicher, nicht risikofreudiger und somit nicht in unsere heutige Zeit passender Zeitgenosse oder Zeitgenossin sind, bei dem oder der man sich langsam fragen muss, ob er oder sie noch den Mumm hat, einem entscheidenden Teil der deutschen Wirtschaft wieder auf die Beine zu helfen.

Erinnern Sie sich, was wir in einem der vorigen Kapitel gesagt haben: 90 Prozent der Kommunikation ist nonverbal, hier können Sie mal zeigen, wie gut Sie sind. Verbale Botschaften gehen über Sachthemen dergestalt, dass Sie „recht zuversichtlich sind, dass diese Veränderungsprojekte Begeisterung auslösen und einen neuen Wind in den Laden bringen und dass sich auch schon erste Erfolge abzeichnen oder sich einstellen werden". So lautet die Rede – und wie ist der *Ton*? Während Sie dies sagen, nesteln Sie nervös an irgendwelchen Papiergegenständen, sitzen da mit gekrümmter Haltung, lassen den Kopf etwas hängen, wirken Sie so nervös und fahrig wie möglich und insbesondere, wenn in dem Gespräch Namen fallen sollten, blicken Sie Ihren Vorgesetzten ungläubig und fragend an. Wählen Sie einen Blick, der einen katastrophalen Hilfeschrei zum Ausdruck bringt, und in etwa vermittelt: „Wenn du wüsstest, was ich weiß, dann würdest du hier auch nicht mehr so ruhig herumsitzen und diesen Unsinn unterstützen!" Mehr nicht, das reicht. Damit haben Sie Ihren Vorgesetzten verunsichert und nur darauf kommt es an.

Wählen Sie bloß keine Argumente, denn dann werden Dinge sichtbar nachprüfbar und diskutabel. Es muss die Stimmung sein, die Ihr Vorgesetzter im Kopf oder besser in der Magengrube behält. Wenn Sie aus dem Zimmer draußen sind, wird der sich nämlich fragen: „Mein Gott, der Maier, der war vielleicht nervös. Als er über das Projekt sprach, hat er zwar ganz sachlich getan, aber irgendwie scheint ihn da etwas massiv zu beunruhigen. Da stimmt was nicht, ich muss den Dingen auf den Grund gehen." Jetzt hat er eine Meinung und Sie haben sie manipuliert. Es dauert keine fünf Minuten und er hängt am Telefon und besorgt sich weitere Informationen über das Projekt, über die Beteiligten, über den Stand, etc. Allein diese Maßnahme löst Verunsicherung in der nächsten Ebene aus, denn dieses Telefongespräch – allein die Tatsache, dass „ER" sich erkundigt hat – wird in Windeseile und mit großer Besorgnis kommuniziert. Die Frage: „Was will er eigentlich wissen, was bezweckt er jetzt damit?" macht die Runde, ohne dass sie beantwortet werden könnte.

Die Ausführenden eines Projekts erfahren dies etwa einen halben Tag später und tragen die nun so erzeugte Nervosität ihrerseits wieder in die Sachebene des Projekts hinein, denn auf der Personenebene ist ja gar nichts vorgefallen. „Schauen wir uns den Abschnitt XY noch einmal ganz genau an, haben wir da nicht irgendwo einen Fehler …", und schon fallen all die Veränderer über ihr eigenes Veränderungsprojekt her, um es einem für Innovationen tödlichen Paradigma zu unterwerfen – dem Paradigma der absoluten Sicherheit.

In den Ausführungsbestimmungen eines jeden Sicherheitsparadigmas steht geschrieben, dass sich nichts verändern darf. Nur statische Ruhe oder ewige Wiederkehr bringen letztlich absolute Sicherheit und vor diesem Hintergrund wird jetzt ein Veränderungsprojekt geprüft … Es ist Ihnen mal wieder gelungen, die Change-Agents ganz schön reinzulegen. Sollte dies für sich genommen kein Selbstläufer werden, dann lesen Sie das nächste Kapitel.

Hinweis für angehende Change-Agents

Vorher sollte jedoch eins gesagt werden: Sollten Sie eine Meinung haben, dann äußern Sie diese – auch ungefragt. Und wenn Sie der Ansicht sind, Vorgesetzte sollten eine Meinung haben, dann fragen Sie danach – auch unaufgefordert. Es ist im Übrigen mitnichten unschicklich, mal keine eigene Meinung zu haben, sondern sich im Dialog erst eine zu bilden. Lernen soll etwas damit zu tun haben … und lösungsorientiertes Denken auch.

Geben Sie die Meinung Ihres Vorgesetzten weiter

Nehmen wir einmal an, Sie hätten das Gespräch mit Ihrem Vorgesetzten so geführt, wie in Kapitel 45 beschrieben. Ihr Vorgesetzter kann in diesem Fall gar nicht normal reagieren, jedenfalls nicht so, wie er es immer getan hat. Er wird, schon während Sie reden, in irgendeiner Form irritiert wirken, auch wenn er es nicht ganz so deutlich zeigt. Für Sie ist jedoch klar zu spüren, wie er Sie mit aufmerksamen Augen abtastet, ob mit Ihnen noch alles stimmt.

Natürlich fällt Ihnen beim Hinausgehen seine merkwürdige Reaktion auf und wenn Sie in der nächsten Runde gefragt werden: „Sie waren doch beim Boss, was hat denn der dazu gemeint, als Sie mit ihm über unsere Ergebnisse gesprochen haben", dann berichten Sie 1:1, was Sie dem Wortinhalt nach gesagt haben. Sicher fragt man Sie auch nach seiner Reaktion. Dann müssten Sie ja wohl wahrheitsgemäß beschreiben, dass er Ihnen irgendwie merkwürdig besorgt, nachdenklich oder verunsichert vorkam. „Was mag es wohl ausgelöst haben?" Sie haben sich das selbst schon gefragt und geben diese Frage „gerne" an die Runde weiter. „Hat hier jemand Indizien, dass der Chef plötzlich nicht mehr mitzieht? Wir sollten uns mal ernsthaft Gedanken machen, woran es denn liegen könnte? Ja natürlich, da haben wir doch im Projekt diese Stelle, die könnte ihn stören, da muss man doch an seinen Rivalen denken usw. Dass wir da nicht draufgekommen sind, das müssen wir ändern." So – und jetzt haben Sie wieder die Gelegenheit, Hand anzulegen.

Das Prinzip der beiden Kapitel lautet ganz einfach: Verunsichern Sie zuerst den Vorgesetzten durch Ihre Meinung und verunsichern Sie dann Ihre Kollegen oder Mitarbeiter durch die Meinung Ihres Vorgesetzten. Nach dem Motto: „Er hat den Auftrag zwar erteilt, aber ich habe das Gefühl, er wird diesen Auftrag möglicherweise wieder ändern." Letztlich haben Sie nichts anderes getan, als sich redlich darum bemüht, die „Meinung" Ihres Vorgesetzten, auch wenn sie nicht dezidiert geäußert wurde, weiterzugeben. Ihre Aufgabe ist es letztlich, in dem Prozess mitzudenken und Informationen rasch zu verbreiten. Nicht umsonst hört man von allen Seiten, dass freier Informationsfluss erforderlich ist, damit Projekte ins Rollen kommen. Somit können Sie explizit darauf verweisen, dass Sie sich an die Spielregeln halten – und was noch viel wichtiger ist, an die Wahrheit. Denn was nützt es, schlechte Nachrichten zu unterdrücken …

Hinweis für angehende Change-Agents

Keinem ist damit geholfen, in der innerbetrieblichen Kommunikation zu erfahren, was andere in Situationen hineininterpretieren. Im Interpretieren werden wir um so begabter, je unsicherer wir sind. Der Unterschied zwischen Interpretation und Feedback ist gar nicht so subtil, wie manche meinen, sondern sehr groß. Es ist der Unterschied zwischen meinen persönlichen, eigenen Ängsten und den beobachtbaren Ereignissen. Selbstverständlich müssen auch Ängste Platz haben, selbst im Unternehmen. Wir alle sind Menschen. Dennoch ist es unternehmerisch hilfreich, Ängste als solche preiszugeben und nicht etwas anderes daraus zu machen. Sie lassen sich so viel schneller und besser lösen als über dem Umweg der so genannten „Meinungsbildung".

Beherzigen Sie klassische Tugenden

Jetzt müssen wir noch einmal kurz nachdenken: Wann waren hierzulande die Tugenden noch klassisch? Ich fürchte, da müssen wir weit zurückgreifen, in die Zeit etwa Luthers? Oder sollten wir uns an Calvin orientieren? Vielleicht auch an Zwingli? Oder wir machen einen Sprung noch weiter zurück, in eine Zeit, in der Ritterlichkeit angesagt war, z.B. bei den Kreuzrittern ...

Da wurden Hollywoodschinken über dieses Thema gedreht, z.B. „Indiana Jones und der letzte Kreuzzug", wo den Zuschauern mit Hilfe eines ehemaligen James-Bond-Darstellers eine völlig irrwitzige Vermischung von nationalsozialistischem Gedankengut und „ehrenhaften" Kreuzritterabsichten aufgetischt wurde. Oder nehmen Sie nur die völlig übertriebenen Darstellungen eines Umberto Eco, wo im „Namen der Rose" ein psychologisch ausgeklügeltes System der Unterdrückung und die Herrschaft über die Seele eines jeden Einzelnen beschrieben werden. (Übrigens auch wieder mit dem bereits erwähnten ehemaligen James-Bond-Darsteller in einer Filmversion zu bewundern.)

Wenn wir einmal von solchen Geschmacklosigkeiten absehen, führt uns doch der gesunde Menschenverstand direkt auf die Tatsache, dass Ritterlichkeit eine Tugend ist, die immer mehr in Vergessenheit gerät. Ich meine, wir brauchen sie dringend, um gerade im Bereich unserer Führungsetagen wieder Ordnung zu schaffen, denn „orden-tlich" sollte es gerade dort zugehen. Dort gilt es, Vorbild zu sein für andere. Ob man sich nicht den Tugenden, z.B. eines Bernhard von Clairvaux, wieder widmen soll? Der war ein Kreuzritter, der für seine Sache stand bis zum Umfallen. Ja, das sind nach manchem Anti-Change-Agent-Geschmack die Typen, die wir eher wieder brauchen, die, wenn sie schon überhaupt keine Grundlage mehr haben, immer noch um jeden Zentimeter für die angeblich gute Sache kämpfen. Sie gehören zu denjenigen, denen zwar ein Orkan ins Gesicht bläst, die aber immer noch schreien, es müsse alles so bleiben, wie es ist!

Die Blindheit der Tatsache gegenüber, längst einsam geworden zu sein, und sich diese Blindheit mit metaphysischer Hilfe zu erhalten, ist wahrhaft eine ritterliche und ordentliche Tugend.

Hinweis für angehende Change-Agents

Sei es, wie es sei: Wir brauchen ritterliche Tugenden einer anderen Art. Z.B. die *Tugend der Arbeitsplatzschaffung*. Das ist eine ebenso wüste Unternehmung wie ein Drachenkampf, wobei man manchmal den Eindruck hat, selbst diejenigen, denen der Einsatz zugute kommen soll, seien dagegen. Oder die *Tugend der Innovation*: Auch da begegnen einem laufend Monster aus dem Paradigmendschungel. Oder die *Tugend der Kundenorientierung*: Kaum zu glauben, in welchen Sümpfen von organisatorischer und infrastruktureller Selbstbefriedigung diese oft stecken zu bleiben droht, obwohl aus dem dunklen Marketing-Walde ein Kundenhilfeschrei nach dem anderen erschallt.

Glücklicherweise ist nicht alles wahr, was über Ritterlichkeit in diesem Lande geschrieben wird.

Feiern Sie gemeinsam

Im engen Korsett tariflicher und steuerlicher Rahmenbedingungen wird das Feiern immer wichtiger. Wie sonst soll man Mitarbeiter positiv motivieren, wenn nicht über steuerfreie Incentives. Zunehmend meinen anscheinend alle, dass auch Mini-Erfolge jedesmal gebührend gefeiert werden müssen und dass dies die moderne Form des Lobens sei. Richten Sie also rechtzeitig Verfahren ein, mit denen Sie Erfolge in einer Ihnen gemäßen Form, im richtigen Rahmen, mit den richtigen Menschen feiern.

Wenn Sie gemeinsam feiern, sollten Sie es nicht übertreiben. Die Teilnehmer müssen sich des Status des Auserwählten bewusst werden. Allzu nüchtern darf die Feier nicht sein: Sie sollten die Gelegenheit immer dazu nutzen, die Sinne zu berauschen. Speziell vor der Aufnahme neuer geistiger Nahrung empfiehlt es sich, die rationale Abwehrschwelle durch Weinproben oder Ähnliches herabzusetzen. Wenn Sie so vorgehen, fällt es den Teilnehmern leichter, nachfolgende Vorträge, gleich welcher Qualität, positiv aufzunehmen, ohne dass den Zuhörern dabei richtig schlecht wird. Das ist die ausgleichende und verbindende Wirkung des Weines.

Zum Feiern gehört das richtige Bewusstsein. Feiern soll Erfolge bekräftigen und belohnen und es soll eine Verstärkung des erwünschten Verhaltens in die richtige Richtung sein. Heben Sie in einer kleinen Ansprache die wichtigen Dinge hervor und sagen Sie, warum es diese Feier gibt. Würdigen Sie die anwesenden Personen und achten Sie dabei insbesondere auf Kleinigkeiten und Eitelkeiten. Eine

Feier ist die Gelegenheit, den einen oder anderen geschickt neu zu positionieren. Sie sollten versuchen, das Spielchen auch mit Ihren Change-Agents zu treiben. Tätigen Sie eine Einladung und versuchen Sie, dieselben zum „richtigen" Denken zu korrumpieren. Der soziale Gruppendruck, der Wein und der Rahmen werden mehr heilsame Wirkung auf so manchen Change-Wüstling haben als endlose Überzeugungsversuche in den Gängen der Zentralverwaltung. Es ist eben immer wieder die richtige Mischung, der richtige Kick, der jeden Saulus zum Paulus macht.

Hinweis für angehende Change-Agents

Aber im Ernst: Spaß muss sein. Möglichst natürlich während der Arbeit, aber auch außerhalb derselben. Die Frage lautet bloß: Wie verbinden wir die Firmenkultur mit dem Firmeninteresse? Manche meinen, panem et circenses sei das passende Bild. Die Menschen leben jedoch entgegen heftiger Grundüberzeugungen von Veranstaltern geistig nicht mehr im alten Rom. Was spricht dagegen, das Angenehme mit dem Nützlichen zu verbinden? Spaß können wir auf vielerlei Weise haben. Dazu benötigen wir nicht immer den Zirkuscharakter. Wir können bei solchen Gelegenheiten auch viel lernen, können Teamverhalten oder neue Welten studieren. Wir können eine multikulturelle Sensibilität aufbauen und noch vieles mehr. Intelligente und persönlichkeitsfördernde Incentives sind gefragt. Dies sind die Werte unserer Kultur in Europa, die mit Geld schwer aufzuwiegen sind.

Verhindern Sie gegenseitige Schuldzuweisungen

Diese Aussage gilt immer für die anderen: Sie sollen sich zurückhalten bei Schuldzuweisungen. Sie selbst sollten diese Methode allerdings keineswegs einschränken, ganz im Gegenteil: Schuldzuweisungen erzeugen negative Abhängigkeiten und diese bremsen zielgerichtete Bewegungen von sozialen Gruppen aus.

Bitte passen Sie aber ein bisschen auf, denn wir befinden uns nicht mehr in einer Epoche, in der mit den Begriffen „Schuld" und „Sühne" noch viel freier umgegangen wurde, als in unserer heutigen von den Einschränkungen der Aufklärer und des Rationalismus geprägten Zeit. Statt der vorbelasteten Schuld wählen Sie deshalb das Wort „Fehler", das dafür aber *konsequent*.

Nicht umsonst stellen viele eine so genannte Fehlerkultur in ihrem Unternehmen fest. Fehler dürfen für Sie nicht vorkommen, Fehler mag auch der Kunde nicht. Fehler gibt es nicht nur als Produkt- und Funktionsfehler. Es gibt auch Fehler sekundärer oder tertiärer Art: *Verfahrensfehler, Denkfehler* und *Verhaltensfehler* etc. Die meinen wir hier. Auf denen lässt sich besser herumreiten, ohne dass jemand das dahinterstehende System von Schuld und Sühne und gegenseitiger negativer Abhängigkeit erkennt.

Mit den Fehlern ist es häufig so wie mit der Schuld: Sie können nicht behoben, sondern nur vergeben werden. Die Erziehung dazu, Fehler zu vermeiden und alle Arbeitsvorgänge auf dieses Kriterium zu optimieren, ist manchmal so prägend, dass Menschen nichts anderes tun, als ihr Denken und Verhalten angstvoll auf die *Suche* nach Fehlern auszurichten. Das tun sie, um prophylaktische Rechtfertigungsstrategien aufzubauen, falls bei ihnen ein Fehler gefunden würde. In den Aufbau, die Gestaltung und die ständige Anpassung dieser Fehler-Justifikationsstrategien stecken viele Zeitgenossen ihre gesamte biographische Energie bis hin zur vollständigen Ausrichtung ihrer Persönlichkeit.

Wenn diese unglaubliche Kreativität verwendet würde, um nichts als Qualität zu produzieren und Lösungen zu suchen, wäre so manches Unternehmen ungleich effektiver, aber auf der anderen Seite wesentlich anfälliger gegenüber Veränderungsprozessen ... Da gilt es, rechtzeitig innezuhalten.

Kreativität bedeutet Fortschritt. Rechtfertigung bedeutet Gleichschritt. Das Prinzip der Schuld oder des Fehlers, das hinter stabilisierenden Rechtfertigungsorgien steckt, passt vielmehr zum Zuständigkeits- und Austauschdenken, aber nicht zum Gedanken des ständigen Lernens. Es passt auch in keiner Weise zu einem vernetzten, prozessorientierten Denken. Das Prinzip der Schuld verlangt immer Mächtige, die die Vergebung aussprechen können. Durch die eifrigen Aktivitäten von Change-Agents und Kulturwandlern ist es modern geworden, nicht von Schuld, sondern von lernorientiertem Vorgehen zu sprechen, nicht von Fehlerorientierung, sondern von Lösungsorientierung zu reden. Also müssen Sie schon etwas gewitzter sein, wenn Sie die neuen Paradigmen verhindern wollen.

Wie machen Sie das? Ganz einfach! Erstens: Reden Sie nicht von Schuld, sondern sehr viel feinsinniger von *Verantwortung* und beginnen Sie die Klärung der Verantwortlichkeiten am Ärgernis orientiert vorzunehmen. Das erfordert viel Zeit – Zeit, die nicht für Veränderungsziele genutzt werden kann. Zweitens: Tun Sie das mit einer Laune und einem Gesicht, dass sich alle grundlos schuldig fühlen, aber nicht genau wissen, warum. „Ich trage hier gerne meinen Teil der Verantwortung, aber wo liegt denn die Ursache wirklich?" –

heißt im Klartext: „Derjenige, der den Mist verbockt hat, soll sich melden, damit wir ihm die Rübe runterziehen können!" Oder im proaktiven Sinne verwendet: „Meine Damen und Herren, da kommt eine sehr hohe Verantwortung auf uns zu!", und schon geht überall die Veränderungsangst um. Bingo!

„Und wer schützt uns, wenn es schief geht?" Diese Frage führt gezielt ins Hilflosigkeitsabseits und erzeugt die Angst, mögliche Schuld auf sich zu laden. Eine andere Möglichkeit besteht im Rundumhammer: „Unter unternehmerischer Verantwortung verstehe ich etwas anderes als Ihr Konzept!" Bei solchen Spielchen mit der versteckten Schuld- und Fehlerfrage liegt der tiefer reichende Witz darin, dass sich schnell alle als *arme Sünder* fühlen, aber nicht anfangen, die Rolle des *reichen Unternehmers* anzunehmen. Wenn Sie das Spiel mit Schuld und Fehler beherrschen, ohne das Kind beim Namen zu nennen, stabilisieren Sie die Organisation und entwickeln sich selber weiter: zum professionellen Bedenkenträger.

In der Frage der Schuld sind sich erstaunlicherweise viele einig, die sich sonst nicht immer mögen: (erz)konservative Führungskräfte, Gewerkschaftler und New-Age-Protagonisten. Die einen sagen: „Schuld sind immer die Mitarbeiter." Die Zweiten sagen: „Schuld sind immer die Kapitaleigner." Und die Dritten sagen (ohne genau zu wissen, welches Leid sie beim Einzelnen anrichten): „Ich kann potentiell alles (!) und wenn es nicht klappt, bin es immer nur ich selbst, der schuld ist." Alle drei scheinen es zu lieben, sich endlos in politischen Auseinandersetzungen darum zu kümmern, das Ausmaß der Schuld richtig zu verteilen und entsprechende Kompensationsprogramme auf den unterschiedlichsten Ebenen aufzusetzen. Am Prinzip wollen sie aber alle nichts ändern, denn eine Änderung würde produktive Kräfte im wörtlichen Sinne freisetzen …

Hinweis für angehende Change-Agents

Vielleicht gibt es doch Möglichkeiten, produktiver zu werden, egal, wo man politisch steht. Eine Möglichkeit wäre, die geistigen Anstrengungen auf Lösungen zu richten und mit anderen gemeinsam nachzudenken. Dazu gehört allerdings zweierlei: Mut und Toleranz – der Mut, etwas Ungewöhnliches auszusprechen, was beim ersten Mal noch lächerlich sein kann, und die Toleranz, etwas vordergründig Lächerliches nach seiner dahinterstehenden positiven Absicht zu befragen. Beide Eigenschaften fördern die Menge von potentiell brauchbaren Antworten auf unsere Herausforderungen.

Pflegen Sie ein geordnetes Lehrer-Schüler-Verhältnis

Warum das so wichtig ist? Nun, Menschen müssen lernen und sich weiterentwickeln und was wäre günstiger, als eine Lernpartnerschaft, in der einer den Lehrer spielt und einer den Schüler? Zu diesem hehren Zwecke muss natürlich die Beziehung stimmen. Der Schüler muss also genau wissen, was seine Rolle als Schüler bedeutet, und auch der Lehrer muss seine Rolle bewusst wahrnehmen.

Der Lehrer hat Wissen, der Schüler hat keins. Das ist die Grundregel Nummer eins. Der Schüler kann sich nur immer so weit nach vorne bewegen, wie es der Lehrer durch Wissensweitergabe zulässt. So lautet die Grundregel Nummer zwei. Und Grundregel Nummer drei lautet: Das Leben ist spannend, es gibt noch viel zu lernen!

Der gesteuerte Einsatz von Weiterbildungsmöglichkeiten über interne Wissensverwalter und Schulungscenter sollte gezielt als Motivations- und Führungsinstrument verstanden werden. Das bedeutet, dass nur die im betrieblichen Alltag auch schon „braven Schüler" zur Belohnung eine Weiterbildungsmaßnahme bekommen. Daraus erklärt sich wiederum manches Karrierephänomen. Legen Sie in entsprechenden Diskussionen über das Lernende Unternehmen enormen Wert auf die Feststellung, dass nur durch geordnete Weiterbildungskataloge und Zugangsabstufungen Wissen gezielt im Sinne von Persönlichkeitsentwicklung und Effektivitätserhöhung genutzt werden kann. Dies ist um so wichtiger, als wir in Zeiten leben, in denen das Outsourcing von Personalabteilungen an der Tagesordnung ist, Weiterbildungs-GmbHs gegründet werden und ähnlicher innovativer Unsinn veranstaltet wird. Dadurch werden plötzlich mehr Informationsfreiräume sichtbar und allen werden mehr Lernchancen eingeräumt. Denken Sie nur an die Möglichkeiten, über CD-ROM und CBT auf dem freien Markt an vormals gut gehütetes Trainings- und Führungswissen heranzukommen. All das, was Jesuiten in mühsamer Kleinarbeit über die Jahrhunderte beobachtet und zu Managementtrainings zusammengeharkt haben, wird plötzlich in allgemein verständlicher Form möglicherweise noch dem gewerblichen Mitarbeiter zugänglich. Das ist gefährlich, denn, wenn an der Basis unversehens alle möglichen Lichter aufgehen, könnten in manchen Abteilungen an der Spitze die Lichter ausgehen … Und warum? Weil wir dieses lästige Lernende Unternehmen überall dort bekommen sollen, wo dem Ehrgeiz des Autodidakten zunehmend die Stunde schlägt. Diese ungeordnete Entstehung von Fähigkeiten und Weisheiten kann ja nur zu Überqualifizierungen und damit zu Unzufriedenheit führen.

Welche Argumente helfen da weiter? Bemühen Sie nächstens erneut Konfuzius und andere seines Kalibers, blättern Sie chaotisch und zufallsgetrieben in den alten Paradigmen und suchen Sie nach Herrschaftswissen. Da ist von der Begehrlichkeit des Volkes die Rede, von Wissen und von dem, was Herrscher tun und wodurch ein Volk lernt, 2 000 Jahre lang immer das Gleiche zu machen …

Da Bildung in Zukunft ja kundenorientierter in den Unternehmen stattzufinden hat, gibt es die geniale Erfindung des Bildungsmanagers. Er ist sozusagen ein Makler, der sein Wissen um die vorhandenen Inhalte mit dem „Bedarf" des Unternehmers, der die Bildungsmaßnahmen buchen soll, in Einklang zu bringen hat. Seiner hohen Kunst, verbindlich zu kommunizieren, ist es zu verdanken, dass sich zum Angebot immer wieder ein Bedarf findet. An ihm liegt es, zu verdeutlichen – dieses häufiger *zwischen* den Zeilen als *in* ihnen – wozu Bildung eigentlich gut ist: zur Paradigmen- und Wissenssteuerung.

Also modernisieren Sie schleunigst Ihr Bildungswesen, bevor es im Markt in outgesourcter Form mit anderen konkurrieren und letztlich tragfähige, d.h. kundenorientierte Inhalte anbieten muss. Sie haben ein genuines Interesse daran, die Produktion der „Bilder der Nation" in Ihren Händen zu behalten – wie Hollywood. Machen Sie den Schritt nach vorn, gehen Sie mit der Zeit, aber vergessen Sie nicht, einige „Spezialseminare" in der Hinterhand zu behalten, um sie einer speziellen Gruppe Auserlesener zugute kommen zu lassen ... Schließlich kann man nicht alles freigeben.

Hinweis für angehende Change-Agents

Die Anforderungen an die Flexibilität und die Veränderungsfähigkeit von Organisationen lassen in Zukunft gar nichts anderes zu, als dass die Mitarbeiter die Verantwortung für ihren Lernbedarf zunehmend selbst übernehmen. Ein Lernmanager oder Coach macht sehr viel Sinn, um den Lernbedarf zu definieren, denn wenn man im Wald ist, sieht man denselben vor lauter Bäumen meist nicht. Internet und weitere Telekommunikationsmöglichkeiten eröffnen Chancen ungeahnter Art. Globales Lernen ist dadurch Realität geworden und verbessert sich täglich. Wissens- und Lernbewegungen sind praktisch nur durch Herausforderungen und gemeinsame Ziele steuerbar. Die grandios erweiterten Lernmöglichkeiten sind *die* Überraschung des ausgehenden Jahrtausends.

51.

Bieten Sie Lernhilfen an

Schon wieder ein Widerspruch? Da soll man als guter Anti-Change-Agent die Dynamik von Veränderungen und das Entstehen des Lernenden Unternehmens verhindern helfen und dann paradoxerweise Lernhilfen anbieten? Ja, nur zu, und zwar in der richtigen Form: Bieten Sie Ihre Person als Lernhilfe an! Überlegen Sie doch, wie unschätzbar vorteilhaft dieses Angebot für Ihre Zwecke ist, wenn es angenommen wird. Das ist der eine Gesichtspunkt.

Der andere Aspekt ist ein bisschen subtiler. Mit dem ständigen Anbieten von Lern*hilfen* pflegen Sie das Paradigma und die Grundeinstellung, dass ohne fremde Hilfe Lernen gar nicht möglich ist, und verhindern somit diese Flut von Autodidakten, die derzeit im Internet, auf CD-ROMs oder in sonstigen Netzwerken nach Erkenntnissen sucht, wie unternehmerischer Erfolg zu gewinnen sei. Wo kämen wir hin, wenn jeder plötzlich von jedem lernen könnte? Da laufen doch tausend Leute herum, die das Wort Professionalität noch nicht einmal buchstabieren können, und von denen sollen wir etwas lernen können? Von unseren Kollegen? Ganz abgesehen davon, dass die uns das übel nehmen. Von Kollegen zu lernen bedeutet ja, sich von ihnen etwas abzuschauen! Um nicht unnötig Neid und Konflikte zu schüren, sollten Sie sich jederzeit als wandelnde Lernhilfe bereithalten. Es gibt eben doch Dinge, die man nicht delegieren kann.

Man überlege sich einmal, wohin diese Formen des sozialen und pragmatischen Lernens führen. Allein die Tatsache, dass sie nie zu einem Zertifikat führen, gibt ernsthaft zu denken. Ein Zeugnis ist aber notwendig, um die Qualität des

Schülers zu zertifizieren. Mindestens die ISO-Norm des Lernens ist dabei zu erfüllen. Jedem Autodidakten muss klar sein, auf welch gefährliches Glatteis er sich begibt. Wie will der Mitarbeiter denn die Kompetenzerhöhung dem Arbeitgeber nachweisen? Wer bezeugt seinen Fortschritt? Eine Vertrauensperson, ein Lernpate z.B., jemand wie Sie.

An dieser Stelle sind Sie aufs Neue strategisch günstig positioniert, um sicherzustellen, dass nicht zu viel gelernt wird. Es reicht schon der Skandal, dass so viele diplomierte Betriebswissenschaftler ihren MBA in England oder in den USA machen, um bessere Arbeitsmarktchancen zu haben, und dafür tausende von Mark ausgeben. Mit einem Lernpaten wäre das nicht passiert.

In dem angesprochenen Umfeld trägt es Früchte, sich darauf zu konzentrieren, die durchaus schädliche Kundenorientierung einmal unter die Lupe zu nehmen. Es soll jetzt bloß keiner ankommen und behaupten, dass wir von unseren Kunden etwas lernen können. Die Kunden selbst fragen uns doch immer, ob wir denn nicht etwas Gutes für sie wissen! Und von denen sollen wir lernen? Will man uns dazu verführen, die Sichtweise des Kunden anzunehmen? Am Ende gucken beide durch die Kundenbrille – der Kunde und wir selbst! Was soll denn dabei der Mehrwert sein? Oder meinen die Change-Agents mit Kundenorientierung in der Weiterbildung, dass die Lerninhalte so sein sollen, wie der Kunde der Schulung, der Schüler, es will? Verflachung, Amerikanisierung, Verblödung als Folge? Das kann's ja wohl nicht sein. Wo bleibt die Geistigkeit, um nicht zu sagen die Spiritualität? Das pragmatische Lernen entfernt uns von den gewohnten Ebenen der Abstraktion, wo die meisten irgendwann wieder eine Lernhilfe brauchen, um sich zurechtzufinden. Die mühsam erkämpfte Rolle der Lernhilfe als Person sollten Sie verteidigen und nicht so schnell unternehmerischen Zielen opfern. An dieser Stelle ist Gefahr im Verzug für unsere Kultur!

Darüber hinaus: Wir würden ja unsere eigenen Bildungsmärkte kaputtmachen und den Zusammenbruch ganzer Industrien beschleunigen, die von der einmal mühsam etablierten, erlernten Hilflosigkeit profitieren. Gegenseitige Abhängigkeiten sind sozial stabilisierend, die Förderung von Individualismus, Freiheit und Unabhängigkeit endet in Kriminalität und Egoismus! Aber das will diese „Demokratie" ja nicht begreifen. Mit Lernpaten an der Seite würde so etwas nie passieren. *Merke:* Lernhilfen benötigt jeder, denn zu viel Lernen ist schädlich.

Hinweis für angehende Change-Agents

Wir können die Fakten auch hier anders betrachten. Statt vom Lernpaten können wir auch vom so genannten Facilitator sprechen. Dessen Aufgabe wäre es, das Lernen des Einzelnen und der Teams im Unternehmen voranzutreiben. Ein Facilitator versucht, Anforderungen und Möglichkeiten sinnvoll miteinander in Beziehung zu setzen und animiert dazu, Lernlücken zu schließen und Lernfelder zu beackern. Er ist der Pionier des Lernens, der anderen die Möglichkeiten verschafft, ihre Kompetenzen zu erweitern. Seine Kunst liegt im Aufspüren, Identifizieren und Verändern von lernbehindernden Paradigmen. Er löst Lernblockaden und hilft, Zugänge zu bislang versperrten Sichtweisen zu bekommen. Dafür muss er das Ergebnis nicht kennen, nur die Methoden, wie man das Entstehen der besten Ergebnisse im gemeinsamen Kommunizieren und Lernen fermentieren kann. Eine neue Kernkompetenz einer zukünftigen Führungskraft. Interessiert Sie das?

Schätzen Sie Menschen richtig ein

Halten Sie an Typologien, charakterkundlichen Weisheiten und anderen systematischen Beurteilungen Ihrer Kollegen und Freunde, ja auch Ihres Lebenspartners und Ihrer Kinder fest. Was ist der Wert dieser Übung?
Sie befinden sich immer auf der sicheren Seite, vermitteln den Eindruck psychologischer Kompetenz und schenken anderen ein kostenloses, relativ unveränderliches Gemälde von sich selbst. Lesen Sie ein paar griechische Philosophen, ein paar lateinische Denker und graben Sie in den Archiven derjenigen Psychologen nach, die die bürgerliche Gesellschaft des letzten Jahrhunderts zu erklären versuchten. Hier finden Sie ein Schatzkästlein an Schubladen, Rastern, vorprogrammierten Unausweichlichkeiten und anderen Waffen in der täglichen Auseinandersetzung mit Mitmenschen. Ja, es handelt sich um zweifelhafte Lösungen, wenn Sie sagen: „Der XY ist ein Choleriker." Und dies müsse man nehmen, wie es ist, er sei nicht wandelbar, man würde ihn damit nur unglücklich machen. Oder pflegen Sie die Mär vom immer unsozialen Einzelkind und vom niemals egoistisch handelnden Geschwisterkind. Was ist mit den Herkunftsaspekten? Beide Eltern waren Waldbauern: „Klar, dass der nichts anderes denken kann, als Bäume zu fällen!" Mag sein, dass von diesen Schubladen einiges abgegriffen ist, daher ist es an der Zeit, nach neuen zu suchen.

Ein beliebtes Positionierungsdenkwerkzeug gipfelt neuerdings in der Definition des Begriffes „Teamfähigkeit". Das bedeutet, dass es in uns angelegt Eigenschaften und Programme gibt, die als Summe eine Aussage machen, ob man seine Arbeit im Team machen kann oder nicht. Sagen Sie das einem missliebigen Kollegen vor versammelter Runde mit dem nötigen Nachdruck, dann glaubt er es sogar. Vor allem sollten Sie es auch dann sagen, wenn es gar kein Team ist, das gerade zusammensitzt. Der Ausgrenzungseffekt dieser Bemerkung ist jedes Mal wunderbar. Das war der erste Schritt, um eifrige und kreative Inputgeber in Teamsituationen auf das durchschnittliche Intelligenzniveau der Runde zu dämpfen. Im zweiten Schritt wird der Betreffende Ihr Jünger. Denn jetzt sagt er sich: „Wozu das Teamgehabe, kann ich mein Geld nicht 'normal' verdienen?" Im dritten Schritt wird er Ihnen sagen: „Also das mit den Teams war eine schlechte Idee, es funktioniert nicht, die Ergebnisse sind schlechter als vorher, lass uns zu dem zurückkehren, was wir *eigentlich* gelernt haben und was wir *wirklich* können!"

So werben Sie für Ihre Belange und verringern die Schar der Teamspinner, die mit Werkzeugen wie prozessorientiertem und vernetztem Denken Veränderungen bewirken wollen – diese Mini-Solidargemeinschaften, die zu nichts anderem nutz sind, als sich gegenseitig darüber Feedback zu geben, wie gut sie sind, die schwierig zu führen sind, deren Leistung schlecht messbar ist, wo der Einzelne nichts zählt!

Wir leben nun einmal in einer Individualgesellschaft und nicht in einer fernöstlichen Gruppengesellschaft. Es ist einfach unrealistisch anzunehmen, dass wir aus Schlitzohren Schlitzaugen machen können. Wir lassen uns nicht chinesifizieren. Das Individuum ist unser höchster Wert! Und genau dieses Individuum wird ja nur dann erkennbar, indem wir es mit den oben erwähnten Typologien von anderen Exemplaren in seiner Umgebung abgrenzen und das so „herbeig'scheidelte" Ergebnis als „Persönlichkeit" bezeichnen. So wird diese Persönlichkeit immer sein, dazu hat sie das Recht. Sich selbst verändern? Sind wir dann noch etwas wert? Werte sind z.B. Haltbarkeit, Beständigkeit, Sicherheit und Ordnung. Wie kann etwas Flexibles da hineinpassen?

Nutzen Sie die unterschwellige Psychologie der Beurteilung anderer mit großzügiger Rastervergabe. Aus diesen

Rahmen kommen die anderen so schnell nicht heraus, ohne Sie überzeugt zu haben, dass sie anders sind. Mit Erklärungen ist es da bei weitem nicht getan. Das Witzige ist, die von Ihnen gewählte Schublade bezüglich einer Einzelperson brauchen Sie derselben gar nicht zu erzählen. Der Rahmen, in dem Sie den Betreffenden erwarten, ist bereits für sich so wirksam, dass er unterschwellig wahrgenommen wird. Und Sie bekommen frei Haus, was Sie wollen. Der Betroffene hat das Problem, überhaupt zu bemerken, wie er eingeschätzt wird, und das weitere Problem, zu beweisen, dass er gar nicht so ist – mal dahingestellt, welche Partei Recht hat! Und schon bietet er ein gefundenes Fressen für die, die ihm überzogene Selbstdarstellungskünste vorwerfen. Der soll teamfähig sein?

Der Wert der Schubladen ist offensichtlich. Wir fühlen uns sicherer im Umgang mit anderen, glauben, Strategien für den Umgang mit ihnen entwickeln zu können und deren Verhalten für uns berechenbar zu machen. Nur so kann eine tayloristische Organisation funktionieren, nur so machen Beurteilungssysteme Sinn und so können wir uns auch vor zu großen Veränderungen schützen.

Hinweis für angehende Change-Agents

Zuhören ist eine Eigenschaft, unter der manche die Fähigkeit verstehen, sich höher bezahlten Einsichten anzuschließen. Zuhören im besonderen Sinne ist eine Eigenschaft, mit der wir Vorurteile aufbrechen können – unsere eigenen. Unser Kopf braucht etwas länger, um neue und komplexe Bilder aufzubauen, als er benötigt, vorhandene aus seinem Speicher abzurufen. Zuhören lässt uns die Zeit, die anderen wahrzunehmen. Ohne Zuhören kann kein Bild in uns umgebaut werden, kann es keine Änderung der Sichtweise geben. Es handelt sich also um eine Art respektvoller Kommunikationshygiene. Mit Zuhören beginnt Flexibilität. Und *diese* wird für erfolgreiche Teamarbeit gebraucht – weniger die entwicklungsbremsende Schublade.

Bauen Sie auf die richtigen Systeme

Gemeint sind hier nicht die Systeme, die direkt Prozesse unterstützen, sondern diejenigen, die daneben einher laufen. Im Speziellen spreche ich dabei jetzt von den primären, sekundären und tertiären Hilfsstrukturen, die sich in gestaffelter Form in der Gesellschaft oder dem Unternehmen der erlernten Hilflosigkeit wiederfinden. Sie gründen ihre Existenzberechtigung auf ebendieser (erlernten) Hilflosigkeit. Andererseits begünstigt die reine Anwesenheit dieser Hilfsstrukturen die Tatsache, dass wir von ihnen Gebrauch machen. Außerdem sind die Vertreter dieser Branchen auch nicht gerade unfleißig, wenn es darum geht, Kundschaft zu akquirieren.

Betrachten wir einmal die primären Hilfsstrukturen. An dieser Stelle steht als erstes die Frage, wozu überhaupt Hilfsstrukturen? Sie finden sich überall da, wo es lernunfähige oder lernunwillige Kulturen zu *pflegen* gibt. Hier hat *Kulturpflege* Konjunktur – Kulturveränderung ist nicht gewünscht. Es existiert an den Orten der Kulturpflege neben den üblichen denkmalschützerischen Grundparadigmen für Führungssysteme und Mitarbeitermotivation auch nur ein marginal ausgeprägtes Bewusstsein über die Tatsache, dass Wandel die Konstante der Zukunft ist. Im unmittelbaren Dunstkreis der Veränderung und des Lernens neben dem Prozess laufen die Personalpflegesysteme. Hier hat sich ein Heer von Pädagogen, Psychologen, Theologen und Personalfachleuten fit gemacht, um mit den leichteren Ausfallerscheinungen im Verhalten von Mitarbeitern und Führungskräften umzugehen bzw. präventiv Maßnahmen zu entwickeln, um dies zu verhindern. So jedenfalls sehen Sie das als Veränderungsgegner, egal, was diese Leute von sich selbst halten! Darunter finden sich gelegentlich Spezialisten für Motivationsprogramme, Verführer zu ordentlichen Philosophien und last not least intelligente Helfer für Abweichler. Die Arbeitsfrage lautet professionell: „Wie gut ist das Unternehmen mit Menschen sortiert und wie gut können wir den Anschein entwickeln, alles aus einer Grundhaltung der sozialen Fürsorge zu tun?" Die Verhinderung der Eigenständigkeit und Verantwortungsübernahme – sprich unternehmerische Qualitäten – beginnt mit dem Satz: „Warten Sie, ich helfe Ihnen" oder: „Lassen Sie sich doch dabei helfen. Wozu haben wir denn unseren Herrn Sowieso, ich schicke Ihnen den mal vorbei!" Dem Adressaten wird nichts anderes übrig bleiben, als einen solchen Gesprächstermin wahrzunehmen. Täte er es nicht, wäre jetzt schon klar, wer den Schwarzen Peter für künftige Fehler voreilig an sich gerissen hat. Also nimmt er ihn wahr. Was dann passiert, ist oft eine feindliche Übernahme der geistigen Art und die Erzeugung des Bewusstseins, dass man ohne dieses Hilfe-System gar nicht richtig arbeiten kann. Sollte der Gute es dennoch versuchen, wird er durch plötzlich auftauchende Fehlschläge schnell eines Besseren belehrt ...

Die Hilfsstruktur Nummer zwei, die sekundäre Schleife, greift dann, wenn der Kandidat im Wahnsinn der ersten an widersprüchlichen Paradigmen zu ersticken droht und sich erste Leistungsausfälle bemerkbar machen. Dann lernt er den Psychologen oder den Sozialberater kennen, die beide – im wirklich besten Glauben zu helfen (über diesen Berufsstand sei hier nur Gutes gesagt!) – ihre gesamte Fürsorglichkeit in die Thematik stecken. Der Mitarbeiter soll wieder den Anforderungen des Leistungsprozesses zugeführt werden. Auch wenn diese Hilfsstrukturebene gelegentlich mault und unter der Erkenntnis leidet, dass stecken gebliebene Führungssysteme und Organisationsstrukturen die primäre Quelle ihrer Tätigkeitsgrundlage sind, wird man von dieser Seite keinen positiven Aufschrei erwarten können, wenn Change-Agents darangehen, das Lernende Unternehmen endlich einzuführen. Im Gegenteil: Manch einer nutzt die Vielfalt psychologischer Lehrmeinung, um dem Projekt Lernendes Unternehmen die Funktionsfähigkeit *a priori* und vor allem *ante actionem* abzusprechen.

Es wäre fatal, die Leistungen der sekundären Ebene nicht mehr zu brauchen, denn die Profitierenden unter den Helfern wären wahrscheinlich die „Medizinmänner" und Ärzte – die tertiäre Hilfestruktur. Diese greift ein, wenn Interventionen auf der verbalen Ebene nicht verhindern konnten, dass das Problem psychosomatisch oder somatisch auswuchert. Ein Mensch, im Konflikt zwischen seinen Werten und den ihm abgeforderten Glaubenssätzen, legt unbewusst Hand an seine Gesundheit und macht schlimmstenfalls auf diese Weise darauf aufmerksam, dass „etwas" nicht stimmt. Auf der dritten Ebene wird man ihm auch sofort helfen, denn bei diesem Berufsstand steht der Mensch im Mittelpunkt.

Alle drei Systeme der Hilfsstrukturen sind – intelligent genutzt – bestens geeignet, Veränderungen substantiellen Ausmaßes in Richtung größerer unternehmerischer Kompetenz zu verhindern. Bloß: Lassen Sie diese Helfer es ja nicht merken, wie Sie sie nutzen! Es käme ja darauf an, flexibler, schneller, verantwortungswilliger und risikokompetenter zu werden. Das Schubsen von einer Ebene in die andere entfernt den Adepten von der Situation, in der er am besten lernen kann, im Prozess und an der Herausforderung. Sicherheitsbewusstsein und Angst sollte Ihnen als kampferproblem Veränderungsgegner Grund genug sein, einem neumodischen Outsourcinggedanken dieser Hilfsstrukturen rechtzeitig vorzubeugen.

Wer daran rührt, verbrennt sich sowieso schnell die Finger, denn solche Strukturen sind in tariflichen Auseinandersetzungen durchaus Verhandlungsmasse und politischer Spielball. Da müsste sich schon die Mentalität politisch bewegen, bevor diese Strukturen auf unternehmerische Beine gestellt werden und damit zwangsweise einer Kundenorientierungskur unterzogen würden.

Achten Sie also darauf, dass all dies nicht passiert und wenn, dann wenigstens ganz, ganz langsam ... Argumentieren Sie einfach am Rande des Paradigmas: Man kann doch nicht, es geht doch nicht, man darf doch nicht, man soll jetzt nicht, es ist *zu* früh, es ist *zu* unsicher, es ist *zu* leichtfertig, es ist *zu* schwierig, es ist *zu* unrentabel ...

Hinweis für angehende Change-Agents

Ein Change-Agent, der geschickt plant, versucht die genannten Hilfsstrukturen in den Veränderungsprozess einzubeziehen und ihnen neue, treibende Aufgaben zu geben, die sie befähigen, sich von ihren problemorientierten Paradigmen zu entfernen und eigene unternehmerische Kompetenzen aufzubauen. Dann braucht er sich über Outsourcing von Hilfsstrukturen keine Sorgen zu machen, denn bis dahin haben die besagten Berufszweige ganz andere, eventuell sogar bessere Verdienstmöglichkeiten entdeckt als die unternehmensinternen. Vernetztes Handeln kann im Idealfall mehrere Fliegen mit einer Denkweise fangen. In den besagten Hilfsstrukturen findet er außerdem viel Wissen und Erfahrung über den Umgang mit Menschen: was es sinnvoll für Veränderungsprozesse zu nutzen gilt.

Nutzen Sie die Kompetenz klassischer Berater

Sie kennen sie alle, die Berater, die klassische Rationalisierungs- und Produktivitätsansätze fahren: Sie nehmen Tagessätze ab 2 000 Euro aufwärts und schicken Ihnen einen Hochschulabgänger, der gerne Folien pinselt und bestenfalls ein wenig herummoderiert. Wenn er ein Konzept hat, darf er es nicht sagen, sondern muss den nächsthöheren Tagessatz seines Partners herausschinden. Und dessen Weisheit letzter Schluss haben Sie selbst auch schon herumgesprochen.

Wozu also sich dieser in Verruf geratenen Branche bedienen? Ganz einfach: Wenn sie auch schon nichts substantiell Neues wissen, so sind sie doch ein geschicktes Druckmittel, wenn sie im Betrieb in geballter Form auftreten und den Vorständen Entscheidungsgrundlagen mit vielen Zahlen liefern. Diese Zahlen werden mit Sicherheit nicht so eintreten, aber genau dieses Vorgehen nährt die Paradigmen unserer linken Gehirnhälfte, die auf Pseudo-Sicherheit und Pseudoberechenbarkeit, auf Zahlenwerke und Wortorgien aus ist. In Krisenzeiten ist dies die erste Stufe der Orientierung und Verbindlichkeit. Das betrifft natürlich auch die Honorarfrage.

Als kompetenter Veränderungsgegner vermeiden Sie mit dieser Strategie einen Umschwung zur Nutzung unserer rechten Denkhälfte, wo wir vernetztes und bildhaftvisionäres Handlungsdenken finden können. Hier lauern die Konzepte für systemische, ganzheitliche Veränderungen.

Und da wollen wir ja wirklich nicht hin. Uns ist eine sequentielle Verlängerung der Schienen der Vergangenheit mit modernen Tools und Technologien lieber. Das Gleiche wie vorher, aber diesmal professioneller und beschleunigter als je zuvor. Das machen wir mit „links". Das klassische Konzept liefert mühelos und unbeabsichtigt die stringente Antwort aus dem eigenen Kopf auf die nicht gestellte Frage: Wie sichere ich die Rigidität meiner unternehmerischen Gesamtstruktur?

Ein bisschen Vorsicht ist jedoch geboten. So ganz blind dürfen Sie sich auf diese Beraterriege nicht mehr verlassen. Einige von ihnen haben auch schon angefangen, mit ganzheitlichen Konzepten zu operieren. Da sie alle den USP, den besonderen Auszeichungsgrad gegenüber ihren Branchenwettbewerbern suchen, können sie natürlich nicht einfach die pragmatische Implementation des Lernenden Unternehmens verkaufen. Dieses sieht nämlich in der End-Ausbaustufe eine Abschaffung des Berufsstandes der Berater vor. Daher gibt es eine Reihe komplexer Integrationsmodelle, die unter Verwässerung der Grundgedanken des Lernenden Unternehmens die Integration der im Trend liegenden Soft-Factors vorsehen, nach abgestuften und wohl überlegten Vorgehensweisen – versteht sich. Als geschickter Einkäufer von Beratern für das Lernende Unternehmen dürfte es Ihnen jedoch sicher gelingen, mit ein wenig Argumentation über die Schiene „Wie sieht es denn mit Ihrer Kundenorientierung aus, meine Herren?" der angetretenen Beraterriege die klassischen Konzepte zu entlocken, auf die Sie eigentlich Wert legen, um ganzheitliche Veränderungen im Ansatz zu blockieren. Wenn schon Veränderungen, dann mit traditionellen Grundgedanken!

Sie nutzen die Kompetenz der Berater in mehrfacher Hinsicht. Bekräftigen Sie sie, ihre stabilisierenden Grundkonzepte abzuliefern, und lassen Sie ihnen dafür ein entsprechendes Honorar zukommen. In der Branche spricht sich schnell herum, was gefragt ist. Was teuer ist, ist auch gut. Zweitens: Sie nutzen die Psychologie des Auftretens dieser Leute im Betrieb. Drittens sollten Sie Ihre Change-Agents ein paarmal durch die Hände dieser Berater gehen lassen und somit für Ernüchterung im Laden sorgen. In so schwierigen Zeiten wie den unsrigen wäre es töricht, auf professionelle Hilfe dieser Qualität zu verzichten ...

Hinweis für angehende Change-Agents

Auf der Suche nach Synergien zwischen Hard- und Soft-Factors gibt es nur einen konsequenten und logischen Ansatz: Lernschleifen für Frühindikatoren wirtschaftlicher Auswirkungen von Verhalten in Arbeitsprozessen suchen, finden und messbar installieren. Das ist eine typische Aufgabe von Change-Agents und deren Arbeit an Prozessveränderungen. Es klingt recht einfach, aber der Teufel steckt im Detail und nur diejenigen, die wissen, wie Lernschleifen funktionieren, wo ich sie herhole und wie ich sie effizient installiere, haben Erfolg mit diesen Ansätzen. Ein „bisschen viel" mehr Menschenkunde als die der betriebswirtschaftlichen Grundausbildung oder des vermeintlich gesunden Menschenverstandes gehört bei allem Respekt schon dazu ...

Trennen Sie Themen konsequent

Es ist ja so nett, welch Schabernack wir mit unserem Oberstübchen treiben können, wenn das Leben lang genug ist. Es gelingt uns doch glatt, das eine vom anderen säuberlich zu trennen. Professionelle Veränderungsgegner ziehen aus dieser Strategie enormen Profit, indem sie den Sinn dieses Denkwerkzeuges aktiv pervertieren.

Die Beispiele werden Sie überzeugen. Nehmen Sie doch bloß das *vernetzte Denken* als klassisches Anwendungsbeispiel. Vernetztes Denken und Handeln sind schneller und erfolgreicher, führen aber zu häufigen und diskontinuierlichen Änderungen in geplanten Abläufen. Was hält Sie davon ab, hier einzuschreiten mit Bemerkungen wie: „Bitte eines nach dem anderen, wir müssen an die Abläufe denken!" Schon sind Sie raus aus dem vernetzten Denken, denn jetzt passiert eines nach dem anderen und zwar getrennt. Damit eröffnet sich wieder das Feld der streng getrennten Zuständigkeiten, die sich personen- und organisationsplangebunden ja nie überlappen sollten. Alles in Ordnung, bloß eben in der Ordnung der Sequenz und nicht in der der Vernetzung. Ziel erreicht: Prozess langsamer, Veränderungsgeschwindigkeiten kleiner.

Bilder in unserem Kopf sind die Vorstufe zum Handeln. Also gilt es, *klare Bilder* von der Zukunft oder von den nächsten Schritten der Veränderung zu verhindern. Am besten gelingt dies mit der Frage: „Wie stellt sich denn dies in Zahlen dar, was Sie uns da hingemalt haben?" Die Frage, was die Zukunft kostet, ist berechtigt, allzu berechtigt. Genau deswegen wollen die Change-Agents Veränderungen erreichen. Die Frage nach dem Preis können Sie jedoch ummünzen in einen Aufruf zur wollüstigen Beschäftigung mit Zahlen. Orgien sind im Reich der Zahlen keine Seltenheit. Sie müssen versuchen, das Bedürfnis, den Veränderungsplänen genaue Zahlen zu hinterlegen, soweit zu treiben, bis offensichtlich wird, dass die Zukunft unberechenbar ist und daher vom Plan schleunigst Abstand genommen werden muss. Wieder einmal haben Sie somit eine unternehmerische Grundhaltung – kalkulierbares Risiko mit zielgerichtetem Handeln zu verbinden – erfolgreich zunichte gemacht. So muss es sein!

Oder: Es bricht im Betrieb eine nachhaltige *Motivation* für Veränderung aus. Nach den Anleitungen von Kapitel 1 gehen Sie dazu über, Ihre Mitmenschen zu befragen. Sie fragen sie, ob sie mit Worten genau beschreiben könnten, was sich zurzeit abspielt. Animieren Sie dazu, eine interne Zeitung zu machen und selbst einmal schriftlich festzuhalten, was eigentlich genau passiert. Das Ergebnis lässt nicht lange auf sich warten, nämlich die emotionale Abkühlung. Die wenigsten Menschen sind begabt, Gefühle richtig niederzuschreiben, besonders dann, wenn es sich um die Motivation im eigenen Betrieb handelt. Da sind verbale Fehlgriffe an der Tagesordnung. Entweder Sie bekommen eine solche Angriffsfläche, dann können Sie Einiges der Lächerlichkeit preisgeben, wenn es die Autoren nicht schon selbst für Sie erledigt haben, oder die Autokorrekturmechanismen der Change-Agents sind bei der Niederschrift bereits wirksam, so dass die schriftliche Version wie kalter Kaffee schmeckt. „Das habe ich mir nach Ihren ursprünglichen Äußerungen aber anders erwartet." Oder: „Na, wenn das alles ist, dann fehlt da noch erheblich Schubkraft!" Sie kennen das Argumentationsprinzip: Double-bind. Die Reaktion darauf ist zerknirschte Verunsicherung.

Hach, was gäbe es da noch? Angenommen, es baut sich Vertrauen auf und die Voraussetzungen zur Teambildung steigen. Halten Sie doch einfach frühzeitig den Scharfsinn der Logik entgegen. Nicht, dass Sie vorhätten, Misstrauen zu fördern, na aber woher denn! Es wird dennoch erlaubt sein, mal scharf nachzudenken, ob denn dieses Vertauen langfristig überhaupt stabil bleiben *kann*. Vertrauen ist ja schließlich nichts Selbstverständliches und Sie möchten jetzt *sicherstellen*, dass es so bleibt. Die Logik sagt uns doch, dass Menschen immer nach ihren eigenen Interessen handeln. Damit es ein gemeinsames Interesse gibt, benötigen wir dazu Verträge. Wie haben die auszusehen? Da machen wir uns am besten vorher in Studien Gedanken und nähern uns dem Problem von zwei teuren, aber sauberen Seiten: der wissenschaftlichen und der juristischen. Sauberkeit und Ordnung sind hier als tragende, außerhalb jeden Zweifels stehende Werte adressiert und man wird sich demzufolge Ihrer Argumentation anschließen müssen. Erst müssen die Bedingungen der Logik klar sein und alle Eventualitäten ausgeräumt sein, bis wir vom entstandenen Vertrauen Gebrauch machen dürfen und uns dem Gedanken der Teamarbeit nähern. Sie können sicher sein, dass auf der Verlaufsstrecke der Diskussionen in den nächsten drei bis sechs Monaten um diese Themen so viel Misstrauen als Abfallprodukt entsteht, dass etliche Kollegen entweder ernüchtert oder gelangweilt oder verzweifelt abspringen. Der Sprung geht nicht ins kalte Wasser, sondern in ein Becken *ohne* Wasser – Business as usual.

Haben Sie gemerkt, welche Vorteile es hat, die Themen zu trennen? Sie haben versucht, mit Schlüsselmethoden das zu verhindern, was jeder ganzheitlich und konzeptionell denkende Unternehmer tut: Worte, Zahlen, Logik und Sequenzen mit Motivation, Beziehung, Bildern und vernetztem Denken zusammenzubringen. Trennen Sie konsequent und der Fortschritt verläuft nach dem Motto: rasender Stillstand.

Hinweis für angehende Change-Agents

Change-Agents sind bemüht, ganzheitlich zu integrieren. Sie haben in der Regel unternehmerische Ziele und benötigen dafür alle Qualitäten unserer Denkwerkzeuge. Ein konsistentes Konzept mit Aussicht auf Erfolg berücksichtigt die oben genannten Ebenen und eventuell noch ein paar mehr, so dass alle Beteiligten, jeder in seiner individuellen Ausprägung dieser Qualitäten, seinen Part zum Handeln sinnvoll integriert wiederfindet. Nichts ist besser geeignet, gemeinsames Handeln zur Erheiterung der Konkurrenz zu vernichten, als ein selbstzerfleischendes Oszillieren zwischen den beiden gegeneinander laufenden Denkkategorien. Ein Change-Agent sollte den Anspruch, ganzheitlich, integrativ und unternehmerisch vorzugehen, an sich selbst zuerst stellen.

Beruhigen Sie Ihre Umgebung

Was passiert nicht alles aus lauter Aufregung und was machen wir nicht alles falsch! Wir sollten auch in Krisenzeiten nicht immer gleich den Kopf verlieren und ganze Systeme verändern wollen, d.h. die Unternehmenskultur, die Prozesse, die Aufbauorganisation usw. Wir tun uns letztlich nichts Gutes damit, denn nach dem ganzen Wirbel mag es Ihnen und Ihren Freunden gelungen sein, dass die alten Krähen doch wieder auf neuen Ästen sitzen. Vielleicht sehen sie etwas gerupfter aus, aber es sind noch alle da, es sind die gleichen, und sie haben auch noch alle ihre Augen.

Wir müssen schließlich nicht aufgrund einer Marotte unserer Kunden, bloß weil die Konkurrenz ihnen irgendeinen „Käse" versprochen hat, den sie selbst nicht halten kann, eine ganze Litanei von Kundenorientierung auch noch nachbeten. Bedenken wir noch einmal die Konjunktur. Die Konjunktur ist eine hilfreiche Göttin, deren Wege und Verhaltensweisen unergründlich sind. Eines wissen wir aber sicher. Sie kommt wieder! Sie kommt auch dann wieder, wenn es uns gar nicht mehr gibt, aber bis dahin gilt die Regel dieses Kapitels: Beruhigen wir uns! Warten wir ein wenig, sie wird schon wieder anspringen. Sollen halt die Politiker endlich das Richtige tun. Nur nicht verzagen.

Sprechen Sie in diesem Sinne Ihrer Umgebung Mut zu und wenn der eine oder andere langsam den Eindruck gewinnt, die Change-Agents und Innovatoren seien allesamt hysterisch, dann, bitte schön, akzeptieren Sie dies!

Auch die Politik hat Einfluss auf die Wirtschaft. Diese Thematik lässt sich nutzen, um allseitige Beruhigung zu kommunizieren – selbst wenn man an dieser Stelle sogar als Veränderungs*gegner* nervös werden müsste. Verbreiten Sie die Nachricht, dass der Vorstand schon die richtigen politischen Maßnahmen ergreifen wird, um das Geschäft zu schützen und um die Firma erneut zu Ruhm und Wohlstand zu führen. Also bitte nicht gleich durchdrehen und an der eigenen Firmengrundordnung herumbasteln. Irgendwann werden wir auch die Kunden wieder in den Griff kriegen, z.B. mit größeren Customer-Care-Paketen. Und letztlich wird die Konkurrenz auspacken müssen. Die Kundenorientierung, die sie anpreist, ist am Ende doch nur eine hohle Seifenblase. Und was den Weltmarkt und seine Durchschlagskraft auf die heimische Wirtschaft anbetrifft, so vertrauen Sie ganz auf die Politik. Nur ruhig Blut, junger Freund … Beruhigen, beruhigen, beruhigen! Wenn Sie spezielle Kommunikationsfertigkeiten dafür brauchen, empfiehlt sich ein Kurs in Suggestopädie oder Einzelhypnose.

Enorm hilfreich sind auch die Frührentnervereinigungen und Pensionärsstammtische, die auf Veränderungen jeder Art aufgrund genetischer Prädetermination allergisch reagieren. Halten Sie Kontakte, lassen Sie sich einladen und dort kostenlos beraten. Sie bekommen all die Argumente und Paradigmen, die Sie benötigen – quasi vom Feinsten! In diesen Kreisen existieren ein ausgepichtes Wissen über das Who's who im Unternehmen und so manche Story, die nützlich sein kann. Als Rentier redet sich's lockerer und unbeschwingter, die Geschäftswelt kann neutraler betrachtet werden und so manche Einschätzung der Lage trifft des Pudels Kern. Metaphern, starke Sprüche und geistreiche Witze runden diese Kurse für das Empowerment von Veränderungsgegnern vollmundig ab. Sie sollten sich das nicht entgehen lassen; es ist ein echtes Erlebnis. Danach gehen Sie selbst beruhigter in die nächste Runde des Schlagabtauschs von Ungereimtheiten, diesmal aber wohl gerüstet mit geistigem Baldrian, Schlafmohn und Malzbier. Verstreuen Sie Ihre neu erworbenen Schlafmittel in würziger Form und sorgen Sie für weitere Beruhigung. Allein das erlebte

Wissen, dass die Rente gesichert ist, lässt bei ungeordneten Veränderern ein wenig Dampf ab. Der spontane Auftrieb wird gestoppt.

Hinweis für angehende Change-Agents

Angst ist ein schlechter Ratgeber, speziell auch für die Zwecke der Change-Agents. Aber existentielle Grundangst ist etwas anderes als das Gefühl der Dringlichkeit von Handlungen. Gelegentlich fehlt dies, um Veränderungen Schubkraft zu verleihen. Der gebildete Lateiner spricht von der „*vis a tergo*" und meint damit unsanfte Fußstöße in die rückwärtige Beckenpartie. Das ist hier nicht gemeint. Gemeint ist eine orientierende Offenheit über Herausforderungen. Wer zielbewusst handeln können soll, muss eine Orientierung über die Verhältnisse und Gesetze im Markt besitzen. Es gibt nur immer den gleichen Weg, wenn das Abbild der umgebenden Landschaft nicht präsent ist. Die Tatsache, dass manche Landschaften unfreundlich sind und uns bis an die momentane Grenze unseres Mutes führen, sollte uns nicht dazu verleiten, von der Neugierde, orientiert zu sein, Abstand zu nehmen. Im Gegenteil, der Sprung ins kalte Wasser hat schon manchem die besten Erfolge verschafft.

57.

Beschützen Sie andere vor übertriebenem Idealismus

Als Volk der Dichter und Denker steht uns ein Schuss Idealismus zu. Manchmal setzen wir Idealismus so um, dass andere meinen, wir hätten einen „Schuss" im übertragenen Sinne. Überschießende Blüten von Verbesserungsimpulsen gehören einfach zu unserem täglichen Dasein. Sie sind allzu menschlich. Sie haben ihre Existenzberechtigung, man gebe ihnen Freiraum (gelegentlich auch Freibier) und schaffe, um diesem internen Kulturpflegeaspekt Rechnung zu tragen, innerhalb des Unternehmens Boards und Gremien, Kreise und Zirkel, Foren und Workshops, wo sich diese Impulse ausleben können – ohne Bezug zum Geschäft versteht sich. Solange Sie die Idealisten in der Entwicklungsphase von Sturm und Drang halten können, ohne dass dieselben diese unfreiwillige Beschränkung erkennen, haben Sie freie Bahn fürs normale, d.h. unveränderte Geschäft.

Wehe Ihren Interessen als Veränderungsgegner, wenn Sie das Entstehen jener gefährlichen Brut von *pragmatischen Idealisten* zulassen. Diese Leute sind nicht nur hochintelligent und kommunizieren gut, nein, sie bewegen sogar etwas! Und oftmals gar nicht so wenig ...

Merke also: Beim Idealismus ist Reinheit gut – Vermischung mit Pragmatismus ist *übertrieben*. Um dieses Phänomen des übertriebenen Idealismus besser verstehen zu können, wollen wir es einmal genauer betrachten. Es gilt herauszufinden, wie wir die schädliche Entwicklung von der einen Spielart in die andere bereits im Ansatz verhindern können. Wir müssen nicht lange forschen, um gewahr zu werden, dass es offenbar die Fähigkeit ist, sich selbst und anderen Ziele zu setzen, die Pragmatismus entstehen lässt. Und dies unabhängig von der Tatsache, wie kontemplativ oder belletristisch das Gedankengut vorher war.

Versuchen Sie am besten, die Diskussion so aufzuziehen, dass Sie die Erlaubnis, über Ziele nachzudenken, dann darüber zu reden und sie umzusetzen, staffeln. Zuallererst nach Geschlecht. Seit wann können Frauen zielen? Jagen war schon immer ein männliches Metier, für die zarte Weiblichkeit viel zu gefährlich. Dann die Sache mit dem Nachdenken. Wie hieß doch dieser Spruch? Ach ja: Das Denken solle man den Pferden überlassen, die hätten größere Köpfe. Der gestaffelte Zugang zu den Zielebenen ist eminent wichtig, um richtig führen zu können. Ziele müssen auf den Einzelnen runtergebrochen werden, so lange, bis unten das dem Mitabeiter höchst erstrebenswerte und motivierende Mini-Ziel für seine Abteilung bewusst wird: „Pro Monat bitte nur drei Bleistifte verbrauchen." Mehr brauchen die Menschen aus Führungssicht gar nicht zu wissen. Die sollen uns endlich mal vertrauen und in Frieden das tun, was wir Ihnen schon immer sagten. Dann werden wir Erfolg haben. Dass „da unten" eine Kreativität von einer Sorte herrscht, die Bleistifte vielleicht überflüssig machen würde, die außerdem die Kosten einer Restrukturierung vielleicht besser und intelligenter managen würde als so mancher Ziele-Herunterbrecher meint, darauf kommen langsam auch Veränderungsgegner.

Irgendwie sind Sie als Veränderungsgegner klüger geworden und wissen intuitiv, dass Sie mit dieser Grundhaltung in einem Markt, in dem es auf Wettbewerbsfähigkeit ankommt, wirtschaftlich Schiffbruch erleiden müssen. Sie wissen zwar, dass Sie noch ungestraft ein paar Schiffe untergehen lassen können, und Sie wissen auch, dass Sie schon längst kein jüngerer oder idealistischerer Leistungsträger mehr ernst nimmt. Das darf Sie jedoch nicht stören und in Ihrem Selbstverständnis tangieren! Lassen Sie sich notfalls coachen, bevor innere Widersprüche zu viele Zweifel genährt haben. Sie haben ein klares Ziel: Veränderungen auszubremsen.

Nutzen Sie schamlos die Möglichkeit, die *pragmatischen* Idealisten, die leider doch etwas bewegen, in der Öffentlichkeit als *reine* Idealisten darzustellen. Den pragmatischen Ansatz suchen Sie gar nicht, den blenden Sie einfach aus. Die Presse hilft hier ungemein. Botschaften, dass alle Veränderer, speziell die vom Lernenden Unternehmen hoffnungslos unrealistische Idealisten sind, sind in einigen, im Wochenrhythmus denkenden Kreisen willkommen, denn sie entlasten vordergründig von dem mentalen Druck, die Zukunft irgendwie schaffen zu müssen. „Lasst die Finger von diesen Verbesserern und arbeitet ordentlich weiter", lautet die Devise.

Merke: Veränderer sind grundsätzlich Weltverbesserer. Pragmatisch sind nur die Bleistiftzähler, denn die wissen, worauf es ankommt.

Hinweis für angehende Change-Agents

Menschen, die an der Zukunft arbeiten, stehen immer im Verdacht, Idealisten nach dem Vorbild der deutschen Romantik zu sein. So abgegriffen dieses Bild auch ist, es macht in der politischen Diskussion immer noch etwas her. Change-Agents sind eher sehr nüchterne Zukunftspragmatiker. Change-Agents tun das Mögliche und Pragmatische. Sie sind von der Notwendigkeit zu handeln allerdings so überzeugt, dass sie wirtschaftliche Erfolge suchen, ohne zu fragen, ob sie das überhaupt dürfen ... Die Wirtschaft sollte in Zeiten der Globalisierung stolz darauf sein, dass es Veränderungshandler gibt und dass sie die Entwicklung weitertreiben, unter anderem in dem Bestreben, das Unternehmen für die Zukunftsmärkte konkurrenzfähig zu machen.

Vermeiden Sie die Globalisierungsfalle

Wir haben es doch immer gewusst. Die Welt ist eine einzige Falle! Was anderes sagt dieser Name nicht und lockt mit geschickt unbewussten Metaphern dahin, wo die meisten Menschen Angst bekommen: in internationale Gewässer kurz hinter Helgoland. Zu Recht, denn die Globalisierung ist wohl der neueste Trick der Beraterindustrie. Alle sollen vom Heimathafen weggelockt werden, um sie in den rauhen Gewässern internationaler Piraterie dahinzuschlachten. Gefährlich, gefährlich ... Und dabei gehen auch noch die heimischen Arbeitsplätze verloren!

Die biologische Grundsatzfrage lautet: „Hat Mutter Natur uns mit Merkmalen ausgestattet, die dafür sorgen, dass wir jenseits der eigenen Staatsgrenze an Überlebensfähigkeit auf diesem Planeten schlagartig einbüßen oder nicht?" Die Antwort heißt „Nein!" Wenn wir trotzdem dieses Gefühl haben, beruht es auf Einbildung. Diese spezielle Art von Bildung vermitteln uns die Schule und der Trachtenverein. Beide sind dafür zuständig, dass wir eine kulturelle Kompetenz in einem einseitigen Sinn erlernen: „Was unterscheidet uns von anderen?" Die für unsere Überlebensfähigkeit in Zukunftsmärkten entscheidendere kulturelle Kompetenz, nämlich „Wie kommuniziere ich wirtschaftlich erfolgreich in und mit anderen Kulturen", hat in die wenigsten universitären Lehrpläne Eingang gefunden. Teilweise gibt es keine Notiz darüber, dass so etwas in Managementkreisen existiert.

Wenn Sie als Veränderungsgegner logischerweise auch die Globalisierung und die dazu notwendige kulturelle Kompetenz bekämpfen wollen, dann tun Sie es wirksam auf folgende Weise: Stellen Sie die „charakterliche Integrität" (der Begriff an sich ist zwar ausgesprochener Blödsinn, aber der Zweck heiligt schließlich die Mittel) derjenigen in Frage, für die das Wort „Heimat" identisch mit „Erdkugel" ist. Im Weltbürger liegt die eigentliche Gefahr für Sie Altgestrigen. Diese aus vormaliger „Friedenssucht" entstandene Idealisierung eines neuzeitlichen Harmoniebedürfnisses ist in der Tat lächerlich. Es gibt keinen, der sich nicht irgendwo massiv danebenbenimmt, wenn er nur die „falsche" Kultur erwischt. Der Weltbürger ist keine Vision, er ist eine Illusion, finden Sie.

Des Weiteren wachen Sie darüber, dass Ihre Mitarbeiter nicht auf Seminare gehen, bei denen es um interkulturelle Kompetenz oder um die Kompetenz geht, mit Paradigmen schlechthin umzugehen. Dies würde die Mitarbeiter der Befähigung näher bringen, globale Prozesse zu handhaben! Sie haben gute Chancen, dies zu verhindern, denn Sie befinden sich durchaus in geistiger Gesellschaft bestimmter Tarifvereinigungen, die daran ebenfalls kein Interesse haben. Wir reisen zwar gern und geben nach Statistiken unsere Ersparnisse im Ausland aus, wohingegen Ausgaben für den Aufbau eines eigenen Unternehmens das Schlusslicht bilden. Reisefähigkeit bedeutet jedoch nicht zwangsläufig schon globale Kompetenz.

Sparsam sein und uns selber suchen. Das könnte die richtige Antwort auf die Herausforderungen auf dem Weltmarkt sein! Warum nicht ein neues Biedermeier? Während andere versuchen, in den rauen Gewässern kompetenter zu werden und global lernende Organisationen aufzubauen, tun wir uns noch mit dem Gedanken daran hart. Schaffen wir Arbeitsplätze für uns oder für „Ausländer"?

Als Veränderungsgegner sind Sie freilich gegen die Globalisierung, denn das würde ja Prozesse verändern, Strukturen auf den Kopf stellen, mentale Modelle erneuern, Mobilität und Flexibilität einfordern, Gehaltssysteme in Bewegung bringen und den Change-Agents den lang ersehnten Auftrieb verleihen. Bewahre ...

Hinweis für angehende Change-Agents

Change-Agents haben es nicht immer leicht. Insbesondere die globale, virtuelle Organisation fordert ihnen höchsten Einsatz ab. Er ist notwendig, denn ein Zurück zum Protektionismus überlebt den Ansatz des Gedankens bereits nicht mehr. Im Grunde sind wir für den Weltmarkt besser gerüstet als so manch andere Kulturnation. Wir sind lernfähig und extrem sprachenbegabt, wir sind raffiniert und denken langfristig. Mit zusätzlichen Qualitäten wie vernetztem Denken, Kundenorientierung und Innovationsfreude dürften wir unschlagbare Teams auf dem Weltmarkt bilden. Wer will uns eigentlich unsere Möglichkeit auf Erfolg ausreden?

59.

Widersprechen Sie auch mal

Widersprechen Sie nicht zu häufig, aber gezielt. Wem? Sich selbst natürlich! Die chinesische Philosophie, nicht nur die, über die unsere Sinologen dicke Bücher schreiben, sondern insbesondere die gelebte, die aktuelle Hongkonger-Hafenphilosophie zeigt, dass es ganz normal ist, mit Widersprüchen zu leben. Konsequenz im Denken und Handeln kann lebensfeindlich sein, da sie der Gefahr verfällt, auf Prinzipien herumzureiten. Im Rahmen Ihrer Aufgabenstellung als Veränderungsgegner ist es ein Gewinn bringender Schachzug, Konsequenz im Denken und Handeln als Prinzipienreiterei zu brandmarken.

Die chinesische Kultur ist tausende von Jahren alt. Sie hat alle Widersprüche überlebt mit einer bewundernswerten inneren Grundhaltung. Machen Sie Ihre Change-Agents zu Adepten des Taoismus und lehren Sie Ihnen Yin und Yang auf Ihre Weise. Egal, was die Akademiker darüber schreiben mögen, über die Praxis im betrieblichen Alltag haben sie ohnehin keine Ahnung.

Yin und Yang sind die zwei paradoxen Grundprinzipien, aus denen alles Leben besteht. Zielführendes Handeln bedeutet in ihrem Sinne, das Leben leben lassen. Es besteht eben aus lähmenden Widersprüchen. Keiner kann bestreiten, dass in dieser Platitüde Weisheit steckt. Ehrfurcht vor Ihren Kenntnissen um die Geheimnisse östlicher Meister hilft, wenn es darum geht, sich Ihrer Ansicht anschließen zu dürfen. Sie helfen der Handlungslogik der Change-Agents damit wieder in die naive Bewunderungshaltung. Aus Handlungsabsicht wird Haltungswille. Es macht ja so viel

Spaß, als veränderungsresistenter Einzelkämpfer mit Paradigmen zu jonglieren.

Um es auf einen Nenner zu bringen: Bestärken Sie das „Sowohl-als-auch", das „Richtig-aber-nichtsdestotrotz", das entschiedene „Jein". Bestehen Sie auf Widersprüchen und die Zeit wird sich an ihnen zerreiben. Die Zeit ist Ihr *Competitive advantage*, auch als Veränderungsgegner. Sei es als Wirtschaftspädagoge oder Geschäftsführer, die Philosophie der Zeit ist wie reifer Wein. Er integriert Zukunft und Vergangenheit auf ganz entsetzliche Weise und arbeitet mit Blackouts, schwarzen Löchern und dem Vergessen. Tausende Gehirnzellen gehen in rhetorischer Eloquenz gepaart mit Alkohol verloren – für immer. Macht nichts, genau darauf kommt es an.

Merke: Alkohol heilt Widersprüche, er ist das Heilmittel für konsistente Neurotiker.

Widersprüche werden selten bemerkt. Derjenige, der sie bemerkt, müsste sie artikulieren und dazu fehlen meistens ein paar Randbedingungen. Die erste wäre Zivilcourage, die zweite die Gelegenheit und die dritte die Kenntnis der besseren Lösung. Können die Change-Agents dies alles situativ aus der Tasche zaubern wie die Teilnehmer einer Talkshow? Selten!

Veränderungsgegner können dies zwar auch nicht, aber sie sind es schließlich nicht, die etwas anderes beweisen wollten. Genießen Sie einfach Ihren Wettbewerbsvorteil. Change-Agents sind oft so nüchtern und haben das falsche Zeitgefühl. Mit etwas mehr Feingefühl kämen auch sie auf den richtigen Jahrgang und so mancher Widerspruch würde auf zauberhafte Weise integriert ...

Hinweis für angehende Change-Agents

Widersprüche treiben uns voran, wenn wir sie aufgreifen, aber nicht, wenn wir sie pflegen. Der Trigger für unser Integrationsbedürfnis sollte ein gemeinsamer wirtschaftlicher Erfolg sein. Zu diesem Zweck haben sich Unternehmen gebildet und arbeiten an ökonomischen Zielen. Die Überwindung der Diskrepanz zwischen Kundenziel und Unternehmerziel erzeugt Win-Win-Situationen – oder bilanzmäßige Enttäuschungen. Change-Agents sind positive und rationale Integratoren. Integration besteht in deren Verständnis im Verschmelzen von Hard- und Soft-Factors von Geschäftsprozessen – und dies in einer Geschwindigkeit und Qualität, die Arbeitsplätze nicht nur „erhalten", sondern auch erschaffen will.

Begeisterung ist alles

Na, sagen wir mal, fast alles. Professionelle Veränderungsgegner beherzigen nicht nur die negativen Ansätze dieser Fibel, sondern lieben es, geliebt zu werden. Wofür? Für die Begeisterung, die Sie verbreiten. Kennen Sie dieses Gefühl, bei dem uns in einer Art Selbstdarstellungsshow der übelste Unsinn mit oberflächlicher Schaumschlägerei gepaart erst einmal mitreißt, bevor wir merken, dass wir uns in einer Art vordergründiger Comedy-Serie wiederfinden?

Der Mehrwert ist offensichtlich: Vernebelung und Personenfixierung. Weg vom Sachthema, hin zu simplen „Naturgesetzen" unternehmerischen Handelns. Zum Beispiel: „Wenn immer mehr Leute den Aufschwung gleichzeitig fördern, dann kommt er auch!" Oder: „Wir machen einfach laufend Aktionen. Dann sagen die Leute: 'Hey, da ist was los', und kommen von ganz alleine." Oder: „Wir machen einen solchen Wirbel, dass einfach alle aufwachen!" Marktschreierische Methoden führen vordergündig zu Bewegung. Diese Bewegung ist ein kurzes Zwischenspiel von Euphoriehormonen im Zwischenhirn, die wie eine Welle abflauen. Was machen wir dann? Dann kommt eben die nächste Welle, ist doch klar! (Wie? Workshops, Workshops, Workshops und andere Veranstaltungen.)

Warum sollten Sie als Veränderungsgegner solche Change-Agents unterstützen? Ganz einfach, weil spätestens nach der dritten Welle die Motivation aller Beteiligten zusammenbricht und die geweckten Hoffnungen auf Veränderungen in den Arbeitsprozessen grundlegend enttäuscht werden. Ganz egal, was der Change-Agent danach verspricht: Änderungen in den konkreten Arbeitsprozessen, den Gehaltssystemen etc. pp. die Reaktion der Mitarbeiter wird gegen ihn sein. Denn durch alleinige Begeisterung, ohne selbst erarbeitetes, persönliches und greifbares Ziel, rennt keiner einer visionären Kuh nach. Wenn der Zeitpunkt gekommen ist, an dem die Begeisterung nachlässt, sollten Sie warnend Ihre Stimme erheben. Nicht etwa, um durch eigene Ideen den Prozess weiter in die Konkretisierung zu treiben! Nein, dies tun Sie, um den Prozess durch entsprechende „Lernerfahrungen" der jüngsten Zeit zu kippen: „Es kann gar nicht funktionieren, man sieht es ja!" – „Die Menschen wollen das alles nicht, man sieht es ja!" – „Der Ansatz geht in die völlig falsche Richtung, man sieht es ja!" – „Wir machen uns damit selbst erst richtig kaputt, man sieht es ja!"

Die Methode des Aufschäumens alten Schmandes in witziger Form sorgt in jedem Workshop für die entsprechende Publikumsreaktion. Mit vielen Witzen können Sie sich jederzeit ungestraft als Publikumsliebling und bester Moderator profilieren, ohne dass die Begrenztheit Ihrer Thesen sofort bemerkt würde. Wenn das der Fall ist, suchen Sie sich andere Kunden, die Ihre Witze noch nicht kennen.

Merke: Menschen wollen Unterhaltung und Bewegung auf der Stelle, sie wollen Artistik in der Zirkuskuppel, aber sie wollen keine substantielle Veränderung. An dem Punkt, wo die uralte Trainerweisheit ausgepackt werden muss „Veränderung bedeutet, dass wir unser Verhalten verändern müssen", warten alle auf das erlösende „Stimmt doch gar nicht." Gönnen Sie es ihnen, wenn schon momentan wegen schlechten Geschäftsgangs keine Gehaltserhöhung drin ist!

Hinweis für angehende Change-Agents

Es soll hier nicht der Eindruck entstehen, dass Lachen bei Veränderungen verboten ist und Change-Agents bierernste Griesgrame sind. Das Gegenteil ist der Fall. Witze sind jedoch kein Ersatz für die fehlende Durchdringung der Materie, und eine mit Ziellosigkeit erzeugte Begeisterung wirkt dadurch im Konzert der alltäglichen Veränderungsappelle albern. Begeisterung für die von uns geleisteten Erfolge ist wichtig und notwendig. Mit „Begeisterung" ist auch nicht das verrückte und verhexte Funkeln in den Augen abgestürzter Workaholiker gemeint. Mit Begeisterung ist eine positive und handlungsorientierte Grundeinstellung für unsere Zukunft, unsere Ziele und unseren gemeinsamen Spaß bei der Verwirklichung derselben gemeint. Wenn ein Change-Agent dies nicht glaubhaft selbst vorleben kann, nützt ihm andererseits das beste und intelligenteste Konzept so gut wie gar nichts.

61.

Preisen Sie das Internet

Was Negroponte und Konsorten so alles aushecken, müsste einem Veränderungsgegner doch gestohlen bleiben können! Diese Bostoner Freiheitsfanatiker rund um das MIT kosten uns noch den letzten Nerv. Was die machen, ist wirtschaftszerstörend. Wenn es die nicht gäbe mit ihrem Kommunikationswahn und ihren High-Tech-Spinnern, dann bräuchten wir nicht innovativ werden, sondern könnten in Ruhe und auf unsere Art der eigentlichen Wertschöpfung nachgehen.

Das Internet schafft nur Probleme für uns gedankliche Oldies: einen globalen Arbeitsmarkt für Stellensuchende, einen Ideenmarkt (wo wir doch solche Phänomene wie Ideen früher selbst im Griff hatten), ein internationales Marketing, Diskussions- und Informationsmöglichkeiten ohne Ende. Mit Informationsmanagament durch die ehrwürdigen europäischen Staatsbibliotheken hat das wohl nichts mehr zu tun. „From atoms to bytes, in a digital world", lautet heutzutage die Devise bei den Joungstern. Kubikkilometer bedruckten Papiers sollen wertlos werden, weil die informationsverarbeitende Kundschaft ihre computerverdorbenen Ansprüche realisiert und zu Hause an ihrem PC versucht, die für sie wichtigsten Informationen zu laden. Für den Gang in die Bibliothek und gute Schriften haben die keine Zeit mehr. Direktes Lernen von der Quelle ist auf einmal das Höchste. Können die denn nicht warten, bis die Archive nach und nach geöffnet werden? Müssen die an der Geschichte vorbei gleich in die Zukunft rasen? Dabei gäbe es noch so viel zu wissen, was bis jetzt kaum einer weiß ...

Das Internet wird von manchen als der letzte und entscheidende Abschnitt der Loslösung vom Absolutismus bezeichnet. Noch ist es die Spielwiese der Freidenker. Deshalb muss man als wahrer Veränderungsgegner hinein und genau deswegen sollten Sie es auch preisen: für künftige Nutzergenerationen.

Was könnte man im Netz nicht alles aufbauen, um eine falsche Orientierung zu setzen, um Konkurrenten zu verwirren? Wie findet jemand die Falschnachrichten, mit denen seine Grundüberlegungen entwertet werden? Wie viele Geheimdienste hängen da eigentlich schon mit lancierter Desinformation drin? Mit welchen Informationen triggern diese die Fehlentscheidungen ihrer Gegner? Wer treibt sich alles in ihm herum?

Also hinein ins Internet und mitgetrieben – in die richtige Richtung, ins statische Denken, in Veränderungsangst, in Zukunftsfurcht. Liefern Sie professionellen Bedenkenträgern die Informationen, die diese brauchen. Stellen Sie sich einmal vor, ein Change-Agent suchte Argumentationshilfe. Was macht der heute, wenn er geschickt ist? Er macht eine Internet-Recherche anhand bestimmter Stichworte. Er sucht z.B. nach dem Stichwort „Change-Management". Gehen Sie also flugs hinein und platzieren Sie etwa in einer Newsgroup 50 Negativkommentare zum Thema. Oder machen Sie eine eigene Homepage an Ihrem Privatrechner auf, auf der Sie beweisen, warum Change-Management nicht funktionieren *kann*. Das Informationssuchsystem greift auf, was vorhanden ist und die vormals leuchtenden Augen unseres Change-Agents werden groß und matt, wenn von 80 Einträgen 50 der Veränderung keine Chance geben! Das lässt doch so manche Grundhaltung in Zweifel ziehen. Zumindest zucken die, die an der Veränderungsschwelle stehen, zurück. Finger weg vom Change-Management! Information orientiert eben ...

Können Sie sich ausmalen, welch grandioses Instrument das Internet sein kann? Welche Möglichkeiten der Beeinflussung sich daraus ergeben? So ungeheuerlich das Angebot des Internets ist, genauso ungeheuerlich sollten Sie damit umgehen. Letztlich wird das dazu führen, dass sich Informationsanbieter qualifizieren müssen, um ernst genommen zu werden. Und dann brauchen wir wieder die Leute, die beurteilen können, was für Mitarbeiter gut ist. Die Leute selbst können es ja doch wieder nicht entscheiden – jedenfalls nicht mit Hilfe des Internets. Was zu beweisen war.

Hinweis für angehende Change-Agents

Fazit: Im Internet zu surfen, bringt sicher auch in Zukunft innovative Vorteile. Achten Sie auf die Validität der Information und gehen Sie an die Quellen. Das Internet erlaubt es, Informationsdienste wie Wochenblätter, Tageszeitungen etc. zu umgehen und den Hersteller der Informationen selbst zu kontaktieren. Kreieren Sie Ihre eigene Zeitung und schaffen Sie Ihre eigenen Qualitätskriterien für Wissen und Information. Dazu brauchen Sie mittel- bis langfristig ein System der Beurteilbarkeit von Information für sich selbst. Das gilt sowohl für Sie persönlich als auch für das Lernende Unternehmen. Welche dauerhaften Screenings in welchen Nachrichtenbereichen, welche Quellen zapfen Sie an, um langfristig den hinreichenden und kostengünstigsten Informationsfluss für Ihr Lernendes Unternehmen sicherzustellen? Es geht ja nicht nur um Marktbeobachtung, es geht um alle externen Informationseinflüsse und alle internen Erfahrungsquellen. Wie sieht hier das vernünftige Informationsmanagement aus? Lassen Sie da mal ein paar Profis ran, es könnte sich lohnen …

Führen Sie den Begriff „Teamfähigkeit" ein

Moment, was soll denn dieser Ratschlag? Allen geht es doch um Teams und Teamarbeit bei Veränderungen. Wen unterstützen Sie denn damit? Die Veränderer? Im Gegenteil!

Schauen Sie: Ein Team lebt von Beziehungen. Natürlich haben Sie bereits eine Vorstellung davon, wie Ihre Beziehung zu den Teams optimalerweise aussehen soll. Oder doch noch nicht? Wie wäre es z.B. mit der Einstellung, dass das Team auf Sie als „Coach" hört, auf Sie hin orientiert ist? Diese Orientierung ist spätestens dann wichtig, *bevor* das Team anfängt, Entscheidungen zu treffen und zu handeln, sonst haben Sie Ihren Einfluss verloren.

Und jetzt zum Begriff der „Teamfähigkeit". Am besten definieren Sie ihn willkürlich. Die Tatsache, dass zwei Psychologen oder Trainer drei Meinungen darüber haben, was ein Team ist und wie es arbeitet (zumindest finden Sie solche Fachleute), hilft Ihnen dabei. Danach entscheidet sich nämlich, wer teamfähig im Sinne der Definition ist und wer nicht. Kann ja sein, dass Sie die Teams unterschiedlich definieren müssen, je nachdem, welche Personen besser Ihre Meinung vertreten, was getan werden sollte und was nicht … Querdenker, Innovateure und Change-Agents stehen natürlich im Verdacht, nicht „teamfähig" zu sein, denn Kennzeichen eines guten Teams sind: 1., 2., 3. usw. Nach dieser Aussage hat jeder im Team ausreichend Feedback, sich einordnen zu können, sieht jeder seine Rolle klarer und hat jeder seine Lektion gelernt – besonders die eine Person, für die sie gedacht war.

Somit liegen die Vorteile des Begriffs „Teamfähigkeit" klar auf der Hand. Beim zweiten Versuch eines Teammitglieds, nicht „teamfähig" (im Klartext: „unterordnungsfähig") zu sein, sollten Sie härter reagieren. Da es ja eine „Fähigkeit" ist, deren Ursprung Sie psychologisch bis in die frühe Kindheit zurückverfolgen können (Einzelkind, böse ausgrenzende Kindergärtnerin, früh verstorbener Hund u.a.) besitzt man/frau diese Eigenschaft offensichtlich oder eben nicht. Erlernbar ist sie nur nach ausreichender psychotherapeutischer Bemühung.

Kriterien für mangelnde „Teamfähigkeit" sind z.B. intellektuelle Brillianz, die dazu führt, dass andere sich dieser Person anschließen, oder die Fähigkeit, Entscheidungen herbeizuführen und Teammitglieder zu Handlungen zu motivieren, oder auch die Eigenschaft, komplexere Veränderungen im Sinne einer Innovation oder Erhöhung der Arbeitseffektivität herbeiführen zu können. „Teamfähigkeit" ist ein herrlicher Begriff, dessen Qualitäten Sie nicht übersehen sollten. Sie können damit ebenso geschickt steuern und andere ins Aus bugsieren wie mit den Begriffen Führungskompetenz, soziale Kompetenz, emotionale Intelligenz, unternehmerische Performance, Lernfähigkeit etc. *Merke:* „Teamfähigkeit" ist *in!*

Der Begriff ist auch für Weiterbildner interessant. Wir befinden uns hier in einem Markt, der sich gestaltet, und „Teamfähigkeit" wird tatsächlich dargestellt als eine ausschließlich in Trainings schulbare Größe. Weit gefehlt. Es sind – aber wer steigt da schon so tief ein außer den ambitionierten Change-Agents – ganz bestimmte Rahmenbedingungen, die Einzelpersonen oder Abteilungen diejenigen Qualitäten entlocken, die „teamfähig" machen. Arbeitsproduktiv im Team heißt nicht, auf klebrige Art und Weise beziehungsorientiert oder anlehnungsbedürftig an gute Kollegen/innen zu sein. Es geht auch nicht darum, ob jemand viele Menschen um sich haben will oder gerne im Freundeskreis ratscht. Es geht um Verhaltensteile, die ein gemeinsames Ziel operativ erreichbar machen.

Vorhin war vom Rahmen die Rede. Haben Sie sich schon mal gefragt, wieso Outdoor-Teamtraining funktioniert? Nun, in der Situation des Outdoor-Trainings existiert eine klare, für jeden Teilnehmer sichtbare Definition der Herausforderung, jeder weiß, was passiert, wenn das gemeinsame Ziel verfehlt wird, und jeder hat eine Vorstellung davon, wie sich die Schwierigkeiten auf dem Weg zum Ziel darstellen. Jeder hört unmittelbar vom anderen, ob er den Mut hat, gemeinsam und miteinander die verlangten Ziele zu erreichen. Außerdem ist klarer Lohn für die Mühen in Sicht – intrinsisch und extrinsisch. Dieses Teammodell funktioniert meist auf Anhieb gut. Die Beteiligten „erleben", wie ein „Teamfeeling" ist, und gehen motiviert an den Arbeitsplatz. Und da ... Genau: Lange dauert es nicht, bis das Feeling keine Nahrung mehr hat und das Modell scheitert. Der Rahmen fehlt, der klare Lohn, das sichtbare Ziel, das Feedback über die eingebrachte Motivation, die Vorstellung von oder die innere Vorbereitung auf Barrieren in den Arbeitsprozessen. Es ist ein gravierender Unterschied, ob ich Kanu fahre, Berge besteige oder in einem Bergwerk auf andere angewiesen bin – oder ob ich in kreativen Teams High-Tech-Entwicklung betreiben soll. Das Modell scheint das Gleiche zu sein, richtig, aber der Rahmen ist meist grundverschieden gestrickt.

Wenn Sie Ihrer Organisation als Veränderungsgegner die Lektion beibringen wollen, dass Teams keine Lösung für Herausforderungen in Zukunftsmärkten darstellen, dann treten Sie am besten ein größeres Teamentwicklungsprogramm los, ohne dabei folgende Rahmenbedingungen deutlich und konsistent zu ändern: Führungssysteme, Entlohnungs- und Fördersysteme, Teile der formalen Aufbauorganisation, Informationssysteme, Weiterbildungsinhalte und so genannte Spielregeln. Wenn Sie hier nichts tun, dann ist Ihnen der Effekt gewiss, dass nach einem Jahr alle schreien: „Bleib mir weg mit Teams!" Ein zweiter Versuch muss schon sehr gute Gründe haben. Der erste Eindruck bleibt in der Regel hängen. Dämmert uns jetzt langsam der Unterschied zwischen Theorie und Praxis des Lernenden Unternehmens? Die Umsetzungspraxis zwingt zu mutigen Schritten.

Hinweis für angehende Change-Agents

Teamverhalten braucht den geeigneten Rahmen, um sich entwickeln und um Ergebnisse liefern zu können. Die Erhöhung einer völlig fiktiven operativen Größe wie „Teamfähigkeit" allein durch ausgeklügelte psychologische Maßnahmen ist nicht von dem ersehnten Erfolg (verbesserte Arbeitseffektivität und mehr Arbeitszufriedenheit) gekrönt. Außerdem müssen Sie bedenken, dass sich im Erwachsenenleben der Glaube an Erfolg durch gemeinsames Arbeiten im Team erst entwickeln muss. Einer der gravierendsten Gründe dafür ist die Tatsache, dass wir in der Schule jahrelang gelernt haben, welche negativen Folgen bereits der Versuch hatte, während Prüfungen „im Team" zu brauchbareren Ergebnissen zu kommen. Erfolg war damals nicht verbunden mit Lernen im Prozess und mit Lernen von anderen, sondern mit dem alleinigen Lernen davon, was Lehrer und Bücher als glaubhafte Inhalte vermittelten.

Wir haben schon manches aus der Schulzeit verlernt: Erfahrung spricht dafür, dass auch „mangelnde Teamfähigkeit" verlernt werden kann – im Prozess und am Problem ...

Definieren Sie sauber

Der Vorteil ist doppelt: Erstens beschäftigen Sie sich mit der auf soziale Zusammenhänge übertragbaren Kunst des „Abgrenzens" (entsprechend der Wortwurzel von „definieren"). Und zweitens haben Sie eine saubere Grundlage, auf der Sie alle weiteren Entscheidungen und Argumentationen aufbauen können, ohne dass jemand nur den Hauch einer Chance hätte, Ihre Logik zu durchbrechen.

Zu 1.: Definieren heißt Grenzen setzen. Wenn Sie dies mit Begriffen tun, tun Sie dies automatisch mit Menschen, sobald die Begriffe irgendeinen Zusammenhang zu sozialen Gebilden wie etwa Unternehmen haben. Nehmen Sie z.B. den Begriff „Führungsverantwortung". Wenn Sie den erst einmal definiert haben, können Sie anfangen, ihn von der abstrakten in die konkrete Ebene herunterzubrechen. Achten Sie bitte darauf, dass Sie ihn losgelöst von den Spielregeln der Praxis definiert haben. Dies verstehen wir nämlich in diesem Zusammenhang unter „sauber"! Intellektuell und wissenschaftlich „sauber" heißt das. Sonst hilft Ihnen beim Konkretisieren alle Konsequenz nichts: Sie landen bei Bildern, die sich von den gegebenen nicht unterscheiden und die es Ihnen nicht erlauben, Menschen zu sortieren. Es geht beim Definieren um Menschen, die dazugehören oder nicht, solche, die die Kriterien der Definition erfüllen oder nicht. Wie soll man sonst mit Definitionen steuern?

Zu 2.: Definieren Sie mit Vorliebe Begriffe, die statische Eigenschaften, die augenscheinliche oder eben vermeintliche Unveränderbarkeiten zum Inhalt haben. Um einprägsame Beispiele zu machen: Insbesondere substantivierte

Adjektive sind hier geeignet. Z.B. „die Güte" oder „die Innovationsfreude" oder auch die bekanntere „Kreativität" oder „das Führende". Ebenso geeignet sind Ausdrücke, die am Ende „-heit" oder „-keit" beinhalten. Definieren Sie nicht „Durchsetzungskraft", sondern „Durchsetzungsfähigkeit". Sie werden sehen, dass in der Definition weniger prozessorientierte und dynamische Elemente angesprochen werden, sondern sich mehr die Aspekte und Elemente statischer Natur dazugeschlichen haben. So, und die brauchen jetzt nur noch richtig ausgedeutscht zu werden!

Mühelos gelingt es im weiteren Fortgang etwaig vorhandenen Bewegungs- und Veränderungsdrang logikgesteuert zu dämpfen. Die Wortwahl Ihrer Argumentationskette kann die Logik, die Sie zuvor „definiert" haben, unterstützen. Ich empfehle die Floskeln: „Das heißt ja eigentlich, dass ..." oder „Im Grunde bedeutet das ja nichts anderes, als dass ...", um am Ende mit der erfrischenden Erkenntnis rüberzukommen: „Genaugenommen heißt das, dass wir bereits alles richtig machen. Lasst uns da bloß nichts dran verändern!" Dadurch tragen Sie dazu bei, dass Menschen im Einklang mit Ihrem „Verstand" arbeiten und dass Sie das Wörtchen „baff" erneut um eine Dimension erweitert haben.

Hinweis für angehende Change-Agents

Wenn Sie entgegen den Interessen des virtuellen Anti-Change-Agents dieses Buches Flexibilität wünschen, empfiehlt es sich, auf Prozesse zu achten und nicht auf Worte. Wer meint, dass diese Tugend nicht neu ist, hat Recht. Goethe sagte im Faust: „... denn wo Begriffe fehlen, da stellt ein Wort zur rechten Zeit sich ein. Mit Worten lässt sich trefflich streiten, mit Worten ein System bereiten ...". Es wäre mal eine lohnende Aufgabe, den Begriff „Begriff" zu definieren. Die Nähe zum Be-Greifen, Anfassen, Handeln, Tun ist erstaunlich sichtbar. Der grundlegende unternehmerische Denkansatz ist stets auf der Suche nach neuen Wirklichkeiten und sieht dies als Tugend für Change-Agents an.

Coachen Sie

Ja, werden Sie ein engagierter Coach – im Sinne unseres Anliegens. Auch der Fußballcoach rät schließlich nichts anderes, wenn es 15 Minuten vor Schluss 1:1 steht: Ball halten, abwarten, nichts riskieren, das Spiel ist gleich zu Ende. Der Einwand, dass das Spiel in der Wirtschaft nie zu Ende ist, darf Sie nicht stören. Ein Coach im Unternehmen soll Veränderungsprozesse begleiten und Ressourcen steuern helfen. Als Coach ist es auch Ihre Aufgabe, im Sinne der Mannschaft aktivitätsdämpfend einzuschreiten, wenn Veränderungen überhand nehmen. Coaches haben Konjunktur.

Zu den Einzelheiten Ihrer Aufgaben kommen wir noch. Zu Beginn Ihrer Funktion als Coach steht das Grundverständnis Ihrer Aufgabe. Neben Aktivitätsdämpfung handelt es sich um so genanntes aktives Coaching des Prozesses. Das bedeutet im Klartext, dass Sie zunehmend weniger gut zusehen können, wie schlecht die da draußen spielen. Ihr geballtes Wissen als Coach sollten Sie der Mannschaft zur Verfügung stellen und ihr notfalls während des Spieles zeigen, wie man auf den Ball zu treten hat (Vorbildfunktion!) – selbst wenn Sie sich dabei erst einmal den Zeh verbiegen. Ein Coach ohne Einsatzvermögen ist nichts wert. Und die Mannschaft erwartet das auch!

Begehen Sie weiterhin nicht den Fehler, als Coach irgendwelche Fragen zu stellen. Machen Sie klare Ansagen und sagen Sie, was die hätten sagen sollen etc. Mit Fragerei produzieren Sie nur Verwirrung. Die Mannschaft kann doch nicht die Antworten auf Ihre Fragen geben, dann wären die ja Führungskräfte! Außerdem dauert es viel zu lange, bis ordentliche Antworten kommen. Bis dahin hat die Konkurrenz schon längst den Kunden am Wickel. Die Mitarbeiter können gar nicht wissen, wer die Kunden sind und was sie alles wollen. Mitarbeiter dürfen eben mitarbeiten, deshalb heißen sie auch so. *Merke:* der Coach ist die einzige kundenorientierende Kraft in jeder Abteilung.

Nun zu den Feinheiten Ihrer neuen Aufgabe. Eine Grundregel lautet: Je mehr Veränderungen anstehen, desto mehr müssen Sie coachen. Die richtige Richtung heißt natürlich: die wirre und ungestüme Veränderungsenergie in uneffektive Bahnen lenken. Nicht, um sie dort vollends platt zu machen. Das wäre ungeschickt, denn Veränderungsgegner und Veränderer stehen in einem biologischen Fließgleichgewicht. Erhalten Sie den Veränderungswillen genau in dem Maße aufrecht, wie es zur fortgesetzten Stabilisierung Ihrer Position und für Ihre Aufgabe als Coach notwendig ist. Diese höhere Kunst des Coachings setzt die Einsicht voraus, dass nicht der wirtschaftliche Erfolg das Ziel ist, sondern der Erhalt zweier gegensätzlicher Kräfte, die sich eben gerne zerreiben. Denken Sie an dieser Stelle nicht an die Konkurrenz oder die Globalisierung, das macht nur unnötig Angst! Suchen Sie notfalls einen Coach für sich selbst auf, wenn Sie mit diesen Alpträumen nicht umgehen können.

Sie behindern dadurch nicht die notwendige Bewegung im Unternehmen. Im Gegenteil, Sie erzeugen eine Art von rasendem Stillstand. Bis dies bemerkt wird, dauert es eine Bilanzperiode, bis Sie deswegen angegangen werden, dauert es eine weitere Bilanzperiode, und bis Sie die Ihnen gewährte Lernchance einer weiteren Bilanzperiode ausgesessen haben, sind drei potentiell fette Jahre veränderungsarm, aber abwechslungsreich verstrichen. Wahre Meister bringen es auf fünf Jahre Hinhaltetaktik und kommen damit über mindestens ein bis zwei Vorstandsperioden hinweg. Damit zählen sie bereits zu den bewährten Kräften im Unternehmen. *Merke:* Bewährung heißt, dauerhaft im Sinne der verronnenen Zeit gecoacht zu haben und nicht etwa im Sinne eines Prozesserfolges.

Wehren Sie sich rechtzeitig gegen ganz neumodische Ansätze, „erfolgreiches Coaching" etwa messbar zu machen. Wer will das schon beurteilen können, wenn nicht Sie selbst! Mitarbeiter-Führungsgespräche sind so, wie ihr Name schon sagt: Gespräche, um Mitarbeiter zu führen. Sie sind nicht etwa Gespräche *zwischen* Führungskraft und Mitarbeiter – also ein Dialog. Verhindern Sie im Ansatz das Ansinnen, sich Feedback von „unten", von „der Seite" und von „oben" geben zu lassen, wie „gut" Sie coachen. Das haben Sie im Gefühl, wie gut Sie sind. Da soll mal einer kommen und in Ihre Intuition reinquatschen! Der hat wohl noch nichts vom Empowerment der Coaches gehört. Jawohl, der Coach unterliegt auch dem Empowerment. Dies gibt ihm das Recht, sich der Seelen seiner Schützlinge wie auch immer anzunehmen ... Bedeutet das etwa neue Berufschancen für Headhunter, Seelenpfleger, Pfarrer – alles Unternehmer?

Hinweis für angehende Change-Agents

Coaches brauchen ein Menschenbild, um gute Arbeit zu leisten. Die Erwartungen von Coaches und Gecoachten müssen wechselseitig definiert sein, sonst kann keiner durch seine Rolle etwas Vernünftiges beitragen. Die Qualität des Coachings ist nur situativ beurteilbar, d.h. für bestimmte Themen, für bestimmte Ziele, unter bestimmten Menschen. Die Qualität einer bestimmten Coaching-Arbeit kann kaum generisch definiert werden, obwohl dies mancher Lehrstuhl gerne für akademische Ewigkeiten definiert hätte. Der Coach selbst wächst und lernt mit der Begleitung des Prozesses. Er ist es nicht, der eine vorgefertigte Landkarte, nach der andere gehen, oder eine Pfeife hat, nach der andere tanzen müssen. Ein guter Coach versucht als Erstes, ein genauer Beobachter und freigiebiger Rückmelder zu sein. Als Zweites ist er ein guter Frager und als Drittes ist er ein bemühter Lernmanager. Ohne Coaches braucht man nicht ernsthaft an größere Veränderungsprojekte zu gehen.

Wandel ist die Konstante der Zukunft

Wenn Sie den Weg durch den Dschungel der Veränderungsfallensteller bis hierher gefunden haben, sei Ihnen an dieser Stelle gratuliert. Sie haben entweder Humor oder sind sehr lernbegierig. Beides sind zunehmend wertvolle Eigenschaften in härter und schneller werdenden Zeiten. Hier, im letzten Kapitel, endet die Ironie und es wird eine Bilanz eines Change-Agent-Breviers versucht.

Gibt es ein Kochrezept, wie man ein guter Change-Agent wird? Sicher nicht, aber es gibt zwei grundlegende Kompetenzen. Die eine davon ist, mit eigenen Ängsten umgehen zu können, und die andere ist, mit den Ängsten anderer umgehen zu können. Unser Impuls, mit anderen zu kommunizieren, ist häufig der, uns selbst die Ängste auszureden. Und mit Ängsten sind wir schnell.

Die Unsicherheiten, die in einem ohnehin stressnährenden Umfeld durch zusätzliche Veränderungsaufgaben ausgelöst werden, sind allerorten vorhanden. Sie münden in Hilfesuche bei vernünftigen und unvernünftigen Zeitgenossen. Es steht uns über unsere wirtschaftlichen Zukunftssorgen hinaus gut zu Gesicht, wenn wir beweisen können, dass wir zumindest eine Kompetenz hervorragend beherrschen: Lernen und Gelerntes in Handlungen umzusetzen und aus Handlungen erneut rasch zu lernen. Genau diese Kompetenz schafft Arbeitsplatzsicherheit und Selbstbewusstsein. Wem dieser letzte Satz zu einfach erscheint, um als wahr angenommen zu werden, der soll bitte noch einmal darüber nachdenken, was wir uns alles sparen und ersparen könnten, wenn er wahr wäre.

Für diejenigen, die im Laufe dieser Lektüre beschlossen haben, Veränderungen offen anzugehen oder weiterhin diesen ohnehin eingeschlagenen Weg zu verfolgen, folgt eine Zusammenfassung der wichtigsten Empfehlungen, um Veränderungen leichter und erfolgreicher zu machen:

1. Seien Sie Neuem gegenüber offen.
2. Gehen Sie mit Ressourcen „menschlich" um.
3. Die 80-prozentige Lösung ist oft besser als die 100-prozentige Lösung.
4. Erzeugen Sie Offenheit, indem Sie etwas Neues wirklich tun.
5. Pflegen Sie kurze, aber intensive Rückblicke, um zu lernen.
6. Konzentrieren Sie sich auf Prozesse und Ziele und weniger auf Zuständigkeiten.
7. Fragen Sie sich, wozu ein Problem gut ist – und die Lösung ist schon unterwegs.
8. Lassen Sie Herausforderungen zu Ratgebern für Veränderungen werden.
9. Planen Sie Strategien und nicht das Planungswesen.
10. Lernen Sie voneinander und direkt.
11. Zeigen Sie Mut zu Innovationen Ihres Geschäfts.
12. Sorgen Sie für freie Informationsflüsse – immer wieder und unermüdlich.
13. Geben Sie Feedback zu Ihrem Tagesgeschäft.
14. Bauen Sie positive Beziehungen auf.
15. Fördern Sie ganzheitliche Handlungskonzepte anstelle von Aktionismus.
16. Verschaffen Sie sich Zeit mit modernen Kommunikationstechnologien.
17. Lernen Sie und lassen Sie lernen: im Arbeitsprozess.
18. Verschenken Sie Hilfe ohne Bedingungen.
19. Befähigen Sie Ihre Mitarbeiter, zu Wissenden und Lernmanagern zu werden.
20. Bestehen Sie auf *einer* Ownerschaft von Entscheidung und Verantwortung.

21. Pflegen Sie vernetzte Kommunikation.
22. Nutzen Sie die strukturierende Kraft von positiven Zielen.
23. Fördern Sie die Grundhaltung des Lernens.
24. Fördern Sie jedes Talent bereits zum Zeitpunkt seiner Entdeckung und nicht erst, wenn es sich „bewährt" hat.
25. Bewegen Sie große Dinge mit vielen kleinen Lernschritten.
26. Setzen Sie auf Exaktheit von Lösungen und nicht auf die Exaktheit von Problemanalysen.
27. Lachen Sie über eigene Gedanken – weniger über andere Personen.
28. Verbinden Sie Risikobewusstsein mit Risikokompetenz.
29. Verschaffen Sie anderen Handlungsfreiräume.
30. Setzen Sie gegen Risiken Ihre Fähigkeit, Schwierigkeiten zu überwinden.
31. Beurteilen Sie Menschen nach Handlungen – zunehmend genauer.
32. Drücken Sie Ihre Gefühle direkt und sofort aus.
33. Lernen Sie aus Konflikten und beteiligen Sie alle am Ergebnis.
34. Üben Sie sich in Zivilcourage.
35. Verbessern Sie Ihre Kommunikationskompetenz kontinuierlich.
36. Benutzen Sie Fragen als Werkzeug.
37. Setzen Sie einen Trend für Risikoverantwortung gepaart mit Lernfähigkeit.
38. Pflegen Sie integrierte Kommunikation.
39. Entscheiden Sie rasch und orientiert.
40. Lassen Sie Widersprüche nicht stehen.
41. Werden Sie ein Lernmanager.
42. Arbeiten Sie an handlungsfreundlichen Metaphern.
43. Kommunizieren Sie präzise und beziehen Sie Ihren Standpunkt.
44. Arbeiten Sie an Ihrer Persönlichkeit.
45. Fordern Sie Standpunkte ein.
46. Überlassen Sie das Interpretieren der Nachwelt.

47. Kommunizieren Sie die erforderlichen Werte für unternehmerischen Erfolg.
48. Nutzen Sie Events konsequent zu einer Lernchance.
49. Setzen Sie Mut und Toleranz gegen Angst und Schuld.
50. Bauen Sie ein Lern- und Wissensmanagement auf.
51. Machen Sie sich zum Pionier des Lernens.
52. Geben Sie Entwicklungsräume durch Zuhören.
53. Binden Sie Hilfsstrukturen ein oder outsourcen Sie sie konsequent, so dass das Lernen wieder Platz hat.
54. Achten Sie auf Synergien zwischen Hard- und Soft-Factors.
55. Schrauben Sie die Ansprüche an sich selbst hoch genug.
56. Schaffen Sie schonungslose Transparenz über orientierende Wahrheiten.
57. Ermutigen Sie pragmatische Idealisten.
58. Setzen Sie voll auf Globalisierung, wenn Sie lernen und überleben wollen.
59. Bleiben Sie konsequent.
60. Leben Sie Ihre Überzeugung begeistert vor.
61. Nutzen Sie das Internet nach Ihren Maßstäben.
62. Entwickeln Sie ergebnisorientierte Teams.
63. Konzentrieren Sie sich auf Handlungen und Prozesse, nicht auf die Richtlinien und Definitionen.
64. Machen Sie sich ein offenes Menschenbild.
65. Handeln Sie nach Ihren Erkenntnissen und diskutieren Sie das Resultat dann, wenn es vorliegt.

Denn Wandel ist die Konstante der Zukunft.

Stichwortverzeichnis

A
Abgrenzen 199
Abhängigkeit 54
Abkühlung, emotionale 174
Absenz 99
Abstraktionsebene 91
Agenda 34
Aktionismus 57
Alltagsbelastungen 96
Alter 135
Angst 87, 132
Ängste
 - anderer 204
 - eigene 204
Ansprechpartner für Neuerungen 45
Arbeitsplatz-
 -beschaffung 150
 -schaffer, kreativer 47
Argumente 145
Aufmerksamkeit 49
Auftretens, Psychologie des 171

B
Bedenkzeit 96
Befriedungs-
 -obligation, proaktive 113
 -pflicht 114
 -rochade, reaktive 113
Begeisterung 17, 85, 145, 189
Begreifbarkeit 115, 117
Berater, klassischer 170

Beschluss, positiver 90
Besprechungen 135
Bewegung(s-)
 - notwendige 202
 -raum 73
Beziehung(en) 56
 - negative 55
Bilder
 -der Nation 159
 - klare 173
Bildung(s-) 158
 -wesen 97
Blickkontakt 24
Blockade 21
Botschaft(en) 123
 - nonverbale 130
 - positive 131

C
Chaos 74
Coach 44, 201
Competitive advantage 187

D
Definieren 199
Demokratie 162
Demotivation 88
Denken
 - prozessorientiertes 154
 - vernetztes 173
Denkmethode, zukunftsgestaltende 103
Destabilisateure 120
Deutsche 33

Dialog, innerer 109
Double-bind 130
Dummheit 118
Durchbruchsdenken, unternehmerisches 98

E

Ebene, richtige 86
Ehrlichkeit 127
Eigenständigkeit 167
Einsatzvermögen 201
Emotion(en) 58, 108
Emotionale Abkühlung 174
Empowerment 178
Engagement 85
Entscheiden 129
Entscheidungs-
 -delegation 100
 -findung 99
 -recht 100
Entschuldigungen 113
Erfahrungen 70
Erinnerung 32
Ermutigung 103
Erwartungshaltung 36

F

Fachleute 69
Faktischen, Macht des 133
Favoriten 82
 - persönliche 83
Feedback(-) 102, 132
 -daten 18
 -partnerschaften 53
 -Phase 18
 -runden 52
 -system, professionelles 50
Fehler(-) 153
 -indikation 72
 -Justifikationsstrategien 154
Feiern 151
Firmengrundordnung 178
Fixierung 134
Flexibilität 51, 200
Freiraum 180
Freizeitplanung 94
Führen, partizipatives 144
Führungsseminare 54

G

Gefühle 109
Geheimtipp 97
Generalisierung 139
Geschwindigkeit 93
Gesetze, marktwirtschaftliche 64
Gesichtszüge 52
Gespräche 203
Gesprächsrunden, trockene 94
Globalisierungsfalle 183
Griffigkeit 115
Grund-
 -angst, existenzielle 179
 -annahmen, positive 56
 -haltungen, gesundheitsschädliche 104
Gruppendruck, sozialer 152

H

Handbewegung, richtige 125
Handeln 129
Harmoniebedürfnis 112
Hilfe anbieten 67
Hilfsstrukturen 166
Honorarfrage 170

I

Idealismus, übertriebener 180
Idealisten, pragmatische 182
Ideen-
  -geber 44
  -markt 192
Information(en)(s-) 50, 194
  - konkrete 139
  - Austausch von 29
  -dienste 194
  -fluss 148
  -suchsystem 193
  -überlegenheit 68
Initiativen 45
Inkompetenz 124
Innovation 150
Input 84
Integrationsbedürfnis 188
Integrität, charakterliche 184
Intelligenzmangel 64
Internet 192
Intrige 79

K

Karriere(-)
  - leistungsorientierte 46
  -frauen 95
Kollegen(-) 26
  -kreis 33
Kommunikation(s-)
  - Effektivität der 75
  - funktionale/terminologisierte 74
  - innerbetriebliche 58, 148
  - integrierte 126
  -kompetenz 52
  -mittel 60
  -möglichkeiten, neue 62
Kompensationsgeschäfte 46
Kompetenz(-)
  - psychologische 163
  - soziale 68
  -erhöhung 161
Konflikte 111
Konkurrenz 177
Kontrollverlust 87
Konzept(-) 112, 119
  -losigkeit 86
Kooperationswille 29f.
Körperhaltung 52
Kostenverantwortlichkeit 36
Kreativität 74
Kriterien 82
Kultur(-) 105
  -bezogenheit 61
  -veränderung 121
  -wandelprojekte 14
Kundenorientierung 40, 150, 161

L

Lächeln 15
Lachen 124
Leistungsbereitschaft 42

Lern-
-bedarf 159
-chance 92
-erfahrungen 190
-hilfen 160
-kultur 48
-lücken 162
-management 49
-projekt 65
-prozesse 119
Lernen, soziales 67
Lieblings-
-schüler 89
-themen 101

M
Macht(-) 50
-menschen 15
Managementtrainings 158
Maßnahmen(-)
- psychologische 198
-bündel 22
Mehrwert, Schaffung von 37
Meinungsbildung, Prozess der 144
Menschen-
-bild 203
-freundlichkeit 61
-kunde 172
Metapher 136
- unbewusste 183
Missverständnisse 128
Mitarbeiterinitiative 39
Mobbing 107
Momentum 17

Motivation(s-)
- für Veränderung 174
-verunglimpfung 79
Mut 53, 156

N
Nervosität 124
Newsgroup 193

O
Offenheit 16, 24, 66, 76, 116, 127
Ordnung 175
Organisation(s-)
- tayloristische 165
-plan 78
Orientieren 129
Orientierung(s-) 59, 179
-rahmen 131
Outdoor-Teamtraining 197
Outsourcinggedanke 168

P
Perfektionismus 21
Personalpflegesysteme 166
Personenfixierung 189
Persönlichkeit(s-) 164
-reife 110
Phantasie 138
Plan, genehmigter 38
Planungswesen 39
Politik 177
Positionskämpfe, interne 70
Präzisierung 139
Präzision 140
Promoter 44

Prozess(-)(e)
- globale 184
-kompetenz 60

R

Rahmenbedingungen, tarifliche und steuerliche 151
Rationalisierungsmaßnahmen 77
Realität 142
Regelkommunikation 76
Reinheit 180
Risiko 102, 134
Ritterlichkeit 149
Rituale 83
Rivalen 147
Roter Faden 57
Rückblicke 28

S

Sauberkeit 175
Schuldzuweisungen 153
Sekten 107
Selbstbewusstsein 54
Self-fulfilling prophecy 81
Sicherheit, absolute 146
Sounding-Boards 75
Soziales Lebewesen 80
Sparen 35
Spaß 152
Spezialisten 69, 97
Spin-off 110
Sprache 142
Stellenaspirant 26
Stil, kooperativer 20
Stimme, innere 108
Stimmodus 138

Stresssignale 123
Support 66
Synergien 74, 172

T

Team(s)- 195
-arbeit 99
-bildungsmaßnahmen 73
-entwicklungs-
--maßnahmen 127
--programm 197
-fähigkeit 195
-mitglied(er) 196
- kreatives 91
-situationen 164
Timing, richtiges 121
Toleranz 107, 156
Traditionen 122
- gute 120
Trainingsvolumen 63
Transformationen 88
Tugenden 122
- klassische 149
Typologien 163

U

Übereifer 92
Übersprungshandlung 124
Unsicherheiten 204
Unterbewusstsein 89
Unterhaltung 190
Unternehmen(s-)
- lernendes 157, 168
- ordentlich funktionierendes 20
-kultur 19

Unternehmer(-)
- reicher 155
-feindlichkeit 34
-freundlichkeit 35
USP 171

V
Veränderung(s-)
- Motivation für 174
-angst 155
-energie 202
-fehlschläge 42
-logik 128
-notwendigkeit 41
-wahn 106
Verantwortung(s-) 154
-übernahme 167
Verbesserungsprozesse 30
Vergangenheit 27
- Bild der 32
Vergleiche 136
Verhalten
- fehlerhaftes 114
- nonverbales 23
Verhandlungen 78
Verkrustungen 41
Vernebelung 141, 189
Verschwörungen 105
Verständlichkeit 117f.
Verteilen von Gütern 19
Vertrauen 76, 175
Vision, persönliche 133
Vorgesetzten, Gespräch mit dem 147
Vorlauffeedback 52
Vorschläge, konkrete 14

W
Wahrnehmung, unbewusste 123
Weiterbildner 196
Weiterbildungsmöglichkeiten 157
Welt-
-bild, germanozentrisches 106
-markt 185
Wertschöpfung 192
Wettbewerbs-
-fähigkeit 181
-orientierung 40
Widersprüche 186
Win-Win-Plattform 113
Wirtschaftsstandort 73
Wissen(s-) 194
-anbieter, konkurrierende 70
-management 49
-- professionelles 48
Witz 95, 190
Wochenendplanung 94
Workshopkonzept 43

Y
Yin und Yang 186

Z
Zauber-
-floskeln 143
-wörter 141
Zeit-
-druck 92
-verkürzung 129

-verlust 27
-vorteil 96
Ziel(-)(e) 181
  - selbstvereinbarte 65
  -vereinbarungen 64
  -verfehlung 38
Zivilcourage 187

Zoon Politikon 80
Zuhören 165
Zukunftspragmatiker 182
Zusammenfassung 205
Zuständigkeit(s-)(en) 72
  -paradigma 31